Vocabulary LIVE 2 Basic

구성과 특징

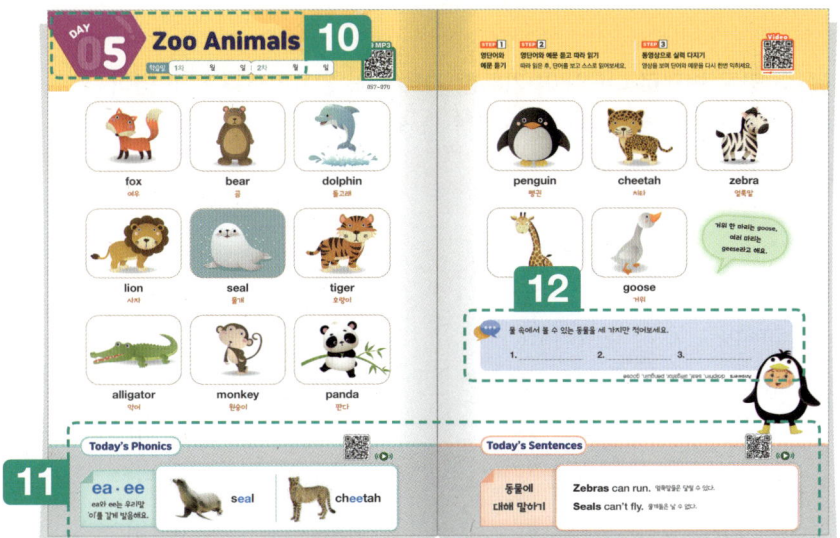
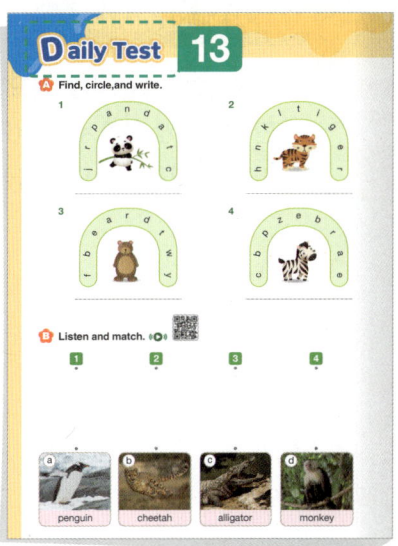

01 학습일을 적을 수 있는 2회차 날짜 박스
02 QR코드를 이용하여 학습할 단어의 발음 청취
03 이미지 연상법으로 두 개의 단어를 한 번에 암기
04 하루 14개 단어: 단어, 뜻, 예문, 유의어, 반의어, 참고 어휘 등 다양한 정보 수록
05 영상으로 단어와 예문을 다시 한번 학습하는 Video
06 주어진 질문에 해당하는 단어 고르기
07 연관된 두 단어의 뉘앙스와 사용법을 알려주는 Focus On
08 다의어, 반의어 등 어휘 실력의 확장을 돕는 Word Skill
09 간단한 문제를 통해 DAY별 학습 어휘 점검
10 주제별 단어 학습
11 단어와 관련된 파닉스와 핵심 문장 패턴 학습
12 주어진 질문에 알맞은 단어를 고르고 자신의 생각 이야기하기
13 매칭하기, 그리기 등 재미있는 활동으로 학습 어휘 점검

10일간 학습한 단어 점검

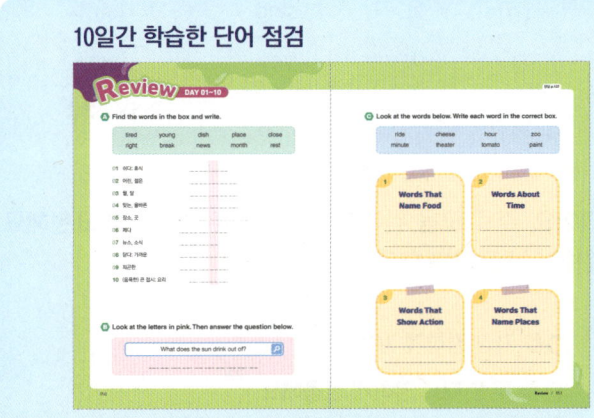

복습용 워크북 (별책)

발음기호 · 품사

발음기호 파헤치기

발음기호란 말소리를 눈으로 볼 수 있는 형태로 나타내어 기록한 기호예요. 발음기호를 알면 영어 단어를 쉽게 읽을 수 있어요. 우리말로는 같은 발음이라도(예 [ə] [ʌ]) 실제 영어발음에는 미세한 차이가 있으므로, 반드시 음성을 통해 발음을 확인하세요.

모음

기호	한글	예	발음
[a]	아	mop	[map]
[e]	에	pen	[pen]
[i]	이	big	[big]
[o]	오	old	[ould]
[u]	우	cook	[kuk]

기호	한글	예	발음
[ə]	어	about	[əbáut]
[ʌ]	어	cup	[kʌp]
[ɔ]	오	call	[kɔːl]
[ɛ]	에	hair	[hɛər]
[æ]	애	pan	[pæn]

자음

기호	한글	예	발음
[b]	ㅂ	bed	[bed]
[p]	ㅍ	pet	[pet]
[t]	ㅌ	too	[tuː]
[d]	ㄷ	dog	[dɔːg]
[k]	ㅋ	cat	[kæt]
[g]	ㄱ	good	[gud]
[f]	ㅍ/ㅎ	fun	[fʌn]
[v]	ㅂ	very	[véri]
[s]	ㅅ/ㅆ	sit	[sit]
[z]	ㅈ	zoo	[zuː]
[l]	(을)ㄹ	late	[leit]
[r]	ㄹ	run	[rʌn]

기호	한글	예	발음
[m]	ㅁ	moon	[muːn]
[n]	ㄴ	nose	[nouz]
[h]	ㅎ	hat	[hæt]
[θ]	ㄸ	mouth	[mauθ]
[ð]	ㄷ	this	[ðis]
[tʃ]	취	cheese	[tʃiːz]
[dʒ]	쥐	jam	[dʒæm]
[ʃ]	쉬	she	[ʃiː]
[ʒ]	쥐	television	[téləvìʒən]
[ŋ]	응	sing	[siŋ]
[j]	이	yes	[jes]
[w]	우	wear	[wɛər]

강세

영어 단어에는 강하게 읽어야 하는 강세가 있어요. 주로 모음 위에 (´) 표시를 두어 강세를 표현해요. 두 번째로 강하게 읽어야 하는 부분은 모음 위에 (`) 표시를 해요.

strawberry
[strɔ́ːbèri]

ó 를 가장 강하게 발음해요.
è 를 두 번째로 강하게 발음해요.

발음기호 합쳐서 읽기

Rule 1 자음과 모음의 소리를 합쳐서 읽어요.

[hǽpi] ㅎ ㅐ ㅍ ㅣ ➡ 해피

Rule 2 모음 뒤에 오는 자음은 받침으로 읽어요.

[map] ㅁ ㅏ ㅍ ➡ 맢   [big] ㅂ ㅣ ㄱ ➡ 빅

Rule 3 (ː)은 길게 발음하라는 기호예요.

[ruːm] ㄹ ㅜ ㅁ ➡ 루ː움   [kɔːl] ㅋ ㅗ ㄹ ➡ 코ː올

Rule 4 연속되는 두 개의 모음[이중모음]이 하나의 소리를 내요.

[hɛər] ㅎ ㅖ 어 ㄹ ➡ 헤얼

품사 알아보기

1 명사	사람이나 사물 등을 지칭하는 말		예 desk, mother, car, …
2 대명사	명사를 대신하는 말		예 I, you, she, he, …
3 동사	동작이나 상태를 나타내는 말		예 eat, run, study, …
4 형용사	명사의 성질이나 상태를 설명해주는 말		예 good, pretty, hot, …
5 부사	때, 장소, 방법 등을 나타내는 말		예 now, here, slowly, …
6 전치사	명사, 대명사 앞에 쓰여 위치, 장소, 시간 등을 나타내는 말		예 in, on, to, with, …
7 접속사	단어나 구, 문장 등 두 가지 대상을 연결하는 말		예 and, but, when, …
8 감탄사	놀람, 기쁨, 슬픔 등 여러 가지 감정을 나타내는 말		예 wow, oh, bye, …

목차

Sight Word   008

DAY 01	dish, dirty, fight, angry, child, young, road, walk, seat, empty, country, flag, also, only	010
DAY 02	classroom, learn, Korean, food, ride, hobby, bee, honey, trash, trash can, summer, vacation, try, do	014
DAY 03	delicious, meal, lamp, light, color, change, sunny, sunglasses, paper, ink, tired, rest, feel, touch	018
DAY 04	money, poor, knife, careful, shape, different, coffee, bean, high, jump, zoo, deer, well, very	022
DAY 05	**Zoo Animals** fox, bear, dolphin, lion, seal, tiger, alligator, monkey, panda, penguin, cheetah, zebra, giraffe, goose	026
DAY 06	window, break, tomato, juice, spoon, sugar, curtain, close, body, skin, pot, lid, person, people	030
DAY 07	tpopular, place, candle, blow, playground, together, year, month, cheek, kiss, wind, strong, right, wrong	034
DAY 08	butter, cheese, stick, fire, girl, brave, hour, minute, board, chalk, bottle, full, some, every	038
DAY 09	theater, movie, run, hunt, round, face, evening, news, paint, mix, online, video, weather, season	042
DAY 10	**Sports & Music** badminton, soccer, tennis, baseball, basketball, golf, volleyball, table tennis, hockey, flute, drum, guitar, violin, piano	046

Review DAY 01~10   050

DAY 11	store, pay, museum, painting, flower shop, tulip, fresh, air, sick, hospital, soon, see, between, behind	052
DAY 12	watermelon, seed, boy, smart, son, daughter, office, leave, fence, tall, fishbowl, goldfish, fat, pretty	056
DAY 13	castle, king, toy, share, hen, egg, hundred, thousand, ice cream, cone, win, hope, where, when	060
DAY 14	woman, rich, sandcastle, build, meet, glad, toy store, pick, world, travel, early, wake, who, what	064
DAY 15	**Clothes** shorts, hat, shirt, skirt, pants, sweater, jeans, jacket, shoes, coat, socks, dress, gloves, scarf	068

DAY 16	homework, finish, elevator, stair, camera, photo, star, bright, ball, throw, music room, sing, pair, piece	072
DAY 17	magic, show, team, join, police station, van, man, old, hurt, nurse's office, giant, ugly, all, half	076
DAY 18	duck, pond, hug, welcome, button, push, jungle, animal, tower, huge, lake, fishing, sorry, okay	080
DAY 19	bookstore, choose, rocket, space, cloudy, windy, test, score, soccer ball, kick, parrot, cage, first, second	084
DAY 20	**Jobs** movie star, farmer, nurse, doctor, pilot, painter, police officer, firefighter, singer, driver, baker, dancer, vet, teacher	088

Review DAY 11~20 092

DAY 21	newspaper, read, church, bell, moon, earth, kind, help, name, say, bus stop, wait, both, side	094
DAY 22	sofa, lazy, fire station, hose, park, bench, chair, move, floor, carpet, ground, drop, sir, ma'am	098
DAY 23	cousin, visit, song, hear, story, angel, sheep, wool, tent, camping, art room, sketchbook, everything, nothing	102
DAY 24	ticket, get, shy, hide, game, prize, Christmas, holiday, grade, worry, ant, bug, usually, often	106
DAY 25	**School Things** pencil, eraser, pencil case, pen, book, ruler, glue, scissors, tape, notebook, textbook, paper clip, crayon, backpack	110

DAY 26	turtle, slow, hill, top, English, speak, gym, P.E., library, quiet, town, post office, many, much	114
DAY 27	coin, find, elephant, heavy, hole, deep, slowly, drive, snake, long, loud, shout, always, never	118
DAY 28	free, enjoy, pet shop, hamster, prince, princess, wood, hut, supermarket, basket, salt, taste, why, because	122
DAY 29	whale, large, helmet, safe, spider, web, strange, dream, witch, broom, calendar, date, how, fine	126
DAY 30	**Transportation** bus, car, train, airplane, truck, taxi, ship, boat, subway, bicycle, helicopter, motorcycle, school bus, on foot	130

Review DAY 21~30 134

Answer Key 136

Index 141

Sight Word

| **yes** 네, 그래(요) | **no** 아니(요) | **but** 그러나 |
| **too** (~도) 또한 | **not** ~아니다, ~않다 | **my** 나의, 내 |

A Listen and repeat. Then trace.

yes   yes   yes

no   no   no

but   but   but

too   too   too

not   not   not

my   my   my

B Find and circle.

not   my   but   yes   too   no

l	l	r	l	t	f	j	x	u	t	s	n
h	k	p	p	s	n	k	m	t	t	k	l
n	n	i	e	m	o	x	o	u	f	y	q
o	z	y	i	s	y	p	l	b	t	o	o
t	t	x	t	k	j	w	e	e	z	u	u

C Unscramble and match.

1. n t o _____ • • ⓐ 네, 그래(요)

2. y m _____ • • ⓑ 나의, 내

3. e y s _____ • • ⓒ 그러나

4. t b u _____ • • ⓓ ~아니다, ~않다

DAY 01

학습일 | 1차 월 일 | 2차 월 일

접시가 더러워요.

001
dish
[diʃ]

명사 1 (움푹한) 큰 접시 2 요리

Put the **dish** in the sink.
그 접시를 싱크대에 넣어라.

002
dirty
[də́ːrti]

형용사 더러운 반의어 clean 깨끗한

The cups are **dirty**.
그 컵들은 더럽다.

싸울 때는 화가 나요.

003
fight
[fait]

동사 (과거형 fought) 싸우다 명사 싸움

Why are they **fighting**?
그들은 왜 싸우고 있는 건가요?

004
angry
[ǽŋgri]

형용사 화난

Emma is **angry**.
엠마는 화가 났다.

아이는 어려요.

005
child
[tʃaild]

명사 (복수형 children) 아이, 어린이
유의어 kid 아이

She has a **child**.
그녀에게는 아이가 있다.

006
young
[jʌŋ]

형용사 어린, 젊은 반의어 old 나이 많은, 늙은

Her daughter is **young**.
그녀의 딸은 어리다.

 What do you use to put your food? 음식을 담을 때 쓰는 것은?

답: dish

STEP 1 영단어와 예문 듣기
STEP 2 영단어와 예문 듣고 따라 읽기
따라 읽은 후, 단어를 보고 스스로 읽어보세요.
STEP 3 동영상으로 실력 다지기
영상을 보며 단어와 예문을 다시 한번 익히세요.

도로를 **걸어요**.

007
road
[roud]

명사 도로, 길

I cross the **road**.
나는 도로를 건넌다.

008
walk
[wɔːk]

동사 걷다

You must **walk** slowly.
천천히 걸어야 해.

뒷자리가 **비어 있어요**.

009
seat
[siːt]

명사 자리, 좌석

We are sitting in the front **seat**.
우리는 앞자리에 앉아 있다.

010
empty
[émpti]

형용사 비어 있는 반의어 full 가득 찬

Some seats are **empty**.
일부 좌석들은 비어 있다.

이건 우리 **나라**의 국기예요.

011
country
[kʌ́ntri]

명사 나라

We live in different **countries**.
우리는 서로 다른 나라에 산다.

012
flag
[flæg]

명사 기, 깃발

We are holding the **flags**.
우리는 깃발을 들고 있다.

💬 **What is used as a symbol of a country?** 나라의 상징물로 사용되는 것은?   답: flag

DAY 01 / 011

Focus ON: also는 이미 언급된 것에 무언가를 추가하여 말할 때 쓰고, only는 그 외에는 아무것도 없이 유일하다고 말할 때 써요.

013 ☐☐
also
[ɔ́:lsou]

부사 또한

The boy **also** wants candy.
그 소년 또한 사탕을 원한다.

014 ☐☐
only
[óunli]

부사 오직 형용사 유일한

There is **only** one red apple.
오직 단 하나의 빨간 사과가 있다.

Word Skill

● **Match to their opposites.**

1  young

2 full

3  dirty

a  clean

b  empty

c  old

Answers 1c 2b 3a

012

Daily Test

정답 p.136

A Look, choose, and write. a m l i

ch__ld

fl__g

e__pty

a__so

B Listen and circle. Then write.

w	h	g	i	f	h
s	r	j	a	d	o
f	o	h	n	l	n
i	a	k	g	j	l
b	d	i	r	t	y
n	k	c	y	d	m

1
_____

2
_____

3
_____

4
_____

C Choose and complete.

> countries   young   fighting   dish

1 Why are they _____? 그들은 왜 **싸우고 있는** 건가요?

2 We live in different _____. 우리는 서로 다른 **나라**에 산다.

3 Put the _____ in the sink. 그 **접시**를 싱크대에 넣어라.

4 Her daughter is _____. 그녀의 딸은 **어리다**.

DAY 01 / 013

DAY 02

학습일 1차 월 일   2차 월 일

교실에서 **영어**를 **배워요**.

015 ☐☐
classroom
[klǽsrùːm]

명사 교실
This is my **classroom**.
여기는 내 교실이다.

016 ☐☐
learn
[ləːrn]

동사 배우다
We **learn** about animals.
우리는 동물에 대해서 배운다.

비빔밥은 **한국 음식**이에요.

017 ☐☐
Korean
[kəríːən]

형용사 한국의
I love **Korean** food.
나는 한국 음식을 좋아한다.

018 ☐☐
food
[fuːd]

명사 음식
The **food** looks delicious.
그 음식은 맛있어 보인다.

자전거를 **타는** 게 **취미**예요.

019 ☐☐
ride
[raid]

동사 (과거형 rode) 타다
I like to **ride** bicycles.
나는 자전거 타는 것을 좋아한다.

020 ☐☐
hobby
[hábi]

명사 취미
What is your **hobby**?
당신의 취미는 무엇인가요?

 Where do students study? 학생들이 공부하는 곳은?   답: classroom

STEP 1 영단어와 예문 듣기
STEP 2 영단어와 예문 듣고 따라 읽기
따라 읽은 후, 단어를 보고 스스로 읽어보세요.
STEP 3 동영상으로 실력 다지기
영상을 보며 단어와 예문을 다시 한번 익히세요.

벌은 꿀을 만들어요.

021
bee
[biː]

명사 벌
Bees can fly.
벌들은 날 수 있다.

022
honey
[hʌ́ni]

명사 꿀
Honey is sweet.
꿀은 달다.

쓰레기를 쓰레기통에 버려요.

023
trash
[træʃ]

명사 쓰레기
Let's clean up the **trash**.
쓰레기를 치우자.

024
trash can
[træʃ kæn]

명사 쓰레기통
The **trash can** is full.
그 쓰레기통은 가득 찼다.

여름 휴가를 가요.

025
summer
[sʌ́mər]

명사 여름
It's very hot here in **summer**.
여름에 여기는 매우 덥다.

026
vacation
[veikéiʃən]

명사 휴가, 방학
We go on a **vacation**.
우리는 휴가를 간다.

 What insect makes honey? 꿀을 만드는 곤충은?

답: bee

DAY 02 / 015

Focus ON

try는 '시도하다', do는 '하다'라는 뜻이죠. 가령, do your homework는 숙제를 하는 것이고, try to do your homework는 숙제를 하려 애쓰긴 하지만 실제로 숙제를 했는지는 알 수 없어요.

027 ☐☐
try
[trai]

동사 노력하다, 시도하다
The boy is **trying** to climb a tree.
그 소년은 나무에 오르려 노력 중이다.

028 ☐☐
do
[du]

동사 (과거형 did) 하다
What are you **doing**?
너는 뭘 하고 있니?

Word Skill

● **Look and write.**

1.  +  =

   _____ + can = trash can

2.  +  =

   class + room = _____

Answers 1 trash 2 classroom

Daily Test

정답 p.136

A. Listen and circle.

1 summer

a

b

2 learn

a

b

3 trash can

a

b

B. Unscramble and write.

1

e r d i

☐ ☐ ☐ ☐

2

o d f o

☐ ☐ ☐ ☐

3

e b e

☐ ☐ ☐

C. Choose and complete.

> classroom   hobby   Korean   vacation

1 What is your _____? 당신의 **취미**는 무엇인가요?

2 We go on a _____. 우리는 **휴가**를 간다.

3 This is my _____. 여기는 내 **교실**이다.

4 I love _____ food. 나는 **한국** 음식을 좋아한다.

DAY 02 / 017

DAY 03

학습일 1차 월 일 2차 월 일

MP3

맛있는 식사를 해요.

029 ☐☐
delicious
[dilíʃəs]

형용사 맛있는

Hotdogs are **delicious**.
핫도그는 맛있다.

030 ☐☐
meal
[miːl]

명사 식사

Enjoy your **meal**.
식사 즐겁게 하세요[밥 맛있게 먹어요].

스탠드에 빛이 들어와요.

031 ☐☐
lamp
[læmp]

명사 스탠드, 등

There is a **lamp** in my bedroom.
내 침실에는 스탠드가 있다.

032 ☐☐
light
[lait]

명사 빛 형용사 1 밝은 반의어 dark 어두운
         2 가벼운 반의어 heavy 무거운

The **light** is bright.
그 빛은 밝다.

나뭇잎은 색을 바꿔요.

033 ☐☐
color
[kʌ́lər]

명사 색, 색깔

What is your favorite **color**?
네가 가장 좋아하는 색은 무엇이니?

034 ☐☐
change
[tʃeindʒ]

동사 바꾸다 명사 잔돈

Leaves **change** color in fall.
가을에 나뭇잎들은 색을 바꾼다.

What gives light? 빛을 주는 것은?

답: lamp

STEP 1 영단어와 예문 듣기
STEP 2 영단어와 예문 듣고 따라 읽기 따라 읽은 후, 단어를 보고 스스로 읽어보세요.
STEP 3 동영상으로 실력 다지기 영상을 보며 단어와 예문을 다시 한번 익히세요.

화창한 날에는 선글라스를 써요.

035
sunny
[sʌ́ni]

형용사 화창한, 햇빛이 밝은
It is hot and **sunny** today.
오늘은 덥고 화창하다.

036
sunglasses
[sʌ́nglæsiz]

명사 선글라스
I wear my **sunglasses**.
나는 내 선글라스를 낀다.

종이에 잉크로 글을 써요.

037
paper
[péipər]

명사 종이
write on **paper**
종이 위에 쓰다

038
ink
[iŋk]

명사 잉크
The pen needs more **ink**.
그 펜은 잉크가 더 필요하다.

피곤할 때는 쉬어요.

039
tired
[taiərd]

형용사 피곤한
She is **tired**.
그녀는 피곤하다.

040
rest
[rest]

동사 쉬다 명사 휴식
I want to **rest** at home.
나는 집에서 쉬고 싶다.

What do you wear on a sunny day? 화창한 날에 쓰는 것은?
답: sunglasses

DAY 03 / 019

Focus ON: feel은 특정한 감정이나 기분을 느끼는 것이고, touch는 손 등으로 무언가를 만지는 것이에요. 손으로 얼음을 '만지면(touch)', 그 얼음의 차가움을 '느끼게(feel)' 되죠.

041 ☐☐
feel
[fiːl]

동사 느끼다

I **feel** cold.
나는 추위를 느낀다.

042 ☐☐
touch
[tʌtʃ]

동사 만지다

Don't **touch** the painting.
그 그림 만지지 마.

Word Skill

- These words have two meanings. Choose and write. One is extra.

> rest   change   light

1

2

Answers 1 change 2 light

Daily Test

정답 p.136

A Listen and circle.

1. light / tired

2. feel / change

3. ink / meal

4. color / rest

B Circle and write.

1. s t o u c h e g
_____

2. j b m e a l u p
_____

3. q w n l a m p c
_____

4. y f s u n n y h
_____

C Choose and complete.

| delicious | sunglasses | change | rest |

1. I want to _____ at home. 나는 집에서 **쉬고** 싶다.

2. Leaves _____ color in fall. 가을에 나뭇잎들은 색을 **바꾼다**.

3. I wear my _____. 나는 내 **선글라스를** 낀다.

4. Hotdogs are _____. 핫도그는 **맛있다**.

DAY 03 / 021

DAY 04

학습일 1차 월 일 2차 월 일

돈이 없어 가난해요.

043 ☐☐
money
[mʌ́ni]

명사 돈
I don't have **money**.
나는 돈이 없다.

044 ☐☐
poor
[pʊr]

형용사 가난한 반의어 rich 돈 많은
The man is **poor**.
그 남자는 가난하다.

칼을 쓸 땐 조심해야 해요.

045 ☐☐
knife
[naif]

명사 칼
I cut the tomato with a **knife**.
나는 칼로 그 토마토를 자른다.

046 ☐☐
careful
[kɛ́ərfəl]

형용사 조심하는
Be **careful**!
조심해!

블록들의 모양이 달라요.

047 ☐☐
shape
[ʃeip]

명사 모양, 형태
What **shape** is it?
그것은 무슨 모양인가요?

048 ☐☐
different
[dífərənt]

형용사 다른 반의어 same 같은
The colors are **different**.
그 색들은 다르다.

💬 What do you need to buy things? 물건을 사기 위해 필요한 것은?   답: money

STEP 1
영단어와 예문 듣기

STEP 2
영단어와 예문 듣고 따라 읽기
따라 읽은 후, 단어를 보고 스스로 읽어보세요.

STEP 3
동영상으로 실력 다지기
영상을 보며 단어와 예문을 다시 한번 익히세요.

커피콩을 갈아 가루로 만들어요.

049
coffee
[kɔ́:fi]

명사 커피
She is drinking **coffee**.
그녀는 커피를 마시고 있다.

050
bean
[bi:n]

명사 콩
I don't like **beans**.
나는 콩을 싫어한다.

높은 울타리를 점프해요.

051
high
[hai]

형용사 높은 반의어 low 낮은
부사 높이, 높게 반의어 low 낮게
a **high** fence
높은 울타리

052
jump
[dʒʌmp]

동사 뛰다, 점프하다
The dog can **jump** high.
그 개는 높이 뛸 수 있다.

동물원에는 사슴이 있어요.

053
zoo
[zu:]

명사 동물원
Let's go to the **zoo**.
동물원에 가자.

054
deer
[diər]

명사 사슴
I saw a big **deer**.
나는 큰 사슴 한 마리를 봤다.

 **Where do you go to see animals?** 동물들을 보기 위해 가는 곳은?   답: zoo

DAY 04 / 023

Focus ON

어떤 행위의 우수한 정도를 나타낼 때, '잘'이라는 뜻의 부사 well을 써요. 그리고 그 우수한 정도를 강조하고 싶을 때, '매우'라는 뜻의 부사 very를 써서, 'very well(매우 잘)'이라고 표현해요.

055 ☐☐
well
[wel]

부사 **잘**
He cooks **well**.
그는 요리를 잘한다.

056 ☐☐
very
[véri]

부사 **매우**
My friend is **very** smart.
내 친구는 매우 똑똑하다.

Word Skill

● **Match to their opposites.**

1  different

2  high

3  rich

a  low

b  same

c  poor

Answers 1b 2a 3c

Daily Test

정답 p.136

A Look, choose, and write.   i e p u

1. caref__l

2. __oor

3. h__gh

4. w__ll

B Listen and circle. Then write.

p	d	u	v	p	s
w	b	j	e	k	h
d	e	e	r	w	a
s	a	g	y	s	p
j	n	h	i	k	e
n	f	e	d	l	j

1. _____

2. _____

3. _____

4. _____

C Choose and complete.

> different   money   coffee   jump

1. The dog can _____ high. 그 개는 높이 **뛸** 수 있다.

2. The colors are _____. 그 색들은 **다르다**.

3. She is drinking _____. 그녀는 **커피**를 마시고 있다.

4. I don't have _____. 나는 **돈**이 없다.

DAY 04 / 025

DAY 05 Zoo Animals

학습일 | 1차 월 일 | 2차 월 일

fox
여우

bear
곰

dolphin
돌고래

lion
사자

seal
물개

tiger
호랑이

alligator
악어

monkey
원숭이

panda
판다

Today's Phonics

ea · ee
ea와 ee는 우리말 '이'를 길게 발음해요.

 s**ea**l

 ch**ee**tah

STEP 1 영단어와 예문 듣기

STEP 2 영단어와 예문 듣고 따라 읽기
따라 읽은 후, 단어를 보고 스스로 읽어보세요.

STEP 3 동영상으로 실력 다지기
영상을 보며 단어와 예문을 다시 한번 익히세요.

penguin
펭귄

cheetah
치타

zebra
얼룩말

giraffe
기린

goose
거위

거위 한 마리는 goose, 여러 마리는 geese라고 해요.

 물 속에서 볼 수 있는 동물을 세 가지만 적어보세요.

1. _____ 2. _____ 3. _____

Answers   dolphin, seal, alligator, penguin, goose

Today's Sentences

동물에 대해 말하기

Zebras can run. 얼룩말들은 달릴 수 있다.

Seals can't fly. 물개들은 날 수 없다.

DAY 05 / 027

Daily Test

A Find, circle, and write.

1
j r p a n d a t c

2
h n k l t i g e r

3
f b e a r d t w y

4
c b p z e b r a e

B Listen and match.

1   2   3   4

penguin

cheetah

alligator

monkey

C Read, match, and write.

1. I can swim.
   I can't run.
   My first letter is "d."
   What am I?

☐☐☐☐

2. I can run.
   I can't fly.
   My first letter is "l."
   What am I?

☐☐☐☐☐☐☐

3. I can run.
   I can't swim.
   My first letter is "g."
   What am I?

☐☐☐☐☐

4. I can fly.
   I can swim.
   My first letter is "g."
   What am I?

☐☐☐☐☐☐☐

DAY 06

학습일 | 1차 월 일 | 2차 월 일

MP3

창문이 깨졌어요.

071 ☐☐
window
[wíndou]

명사 **창문**
the bedroom **window**
침실 창문

참고 door 문

---

072 ☐☐
break
[breik]

동사 (과거형 broke) **깨다**
The girl **broke** the glass.
그 소녀는 유리를 깼다.

토마토 주스는 몸에 좋아요.

073 ☐☐
tomato
[təméitou]

명사 **토마토**
The **tomatoes** taste sweet.
그 토마토들은 맛이 달다.

---

074 ☐☐
juice
[dʒuːs]

명사 **주스**
Do you want some **juice**?
너는 주스를 좀 원하니?

숟가락으로 설탕을 넣어요.

075 ☐☐
spoon
[spuːn]

명사 **숟가락**
I have a long **spoon**.
나는 긴 숟가락을 가지고 있다.

---

076 ☐☐
sugar
[ʃúgər]

명사 **설탕**
Put some **sugar** in the coffee.
그 커피에 설탕을 좀 넣어라.

 What do you use to eat soup? 수프를 먹을 때 쓰는 것은?   답: spoon

STEP 1 영단어와 예문 듣기
STEP 2 영단어와 예문 듣고 따라 읽기
따라 읽은 후, 단어를 보고 스스로 읽어보세요.
STEP 3 동영상으로 실력 다지기
영상을 보며 단어와 예문을 다시 한번 익히세요.

커튼을 닫아요.

077
curtain
[kə́:rtn]

명사 커튼

She is hanging the **curtains**.
그녀는 커튼을 걸고 있다.

078
close
[klouz]

동사 닫다 반의어 open 열다
형용사 [klous] 가까운

Let's **close** the window.
창문을 닫자.

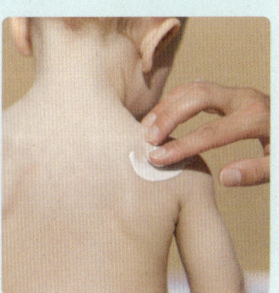

아이 몸의 피부는 약해요.

079
body
[bádi]

명사 몸

The baby has a small **body**.
그 아기는 작은 몸을 가지고 있다.

080
skin
[skin]

명사 피부

I have dry **skin**.
나는 피부가 건조하다.

냄비 뚜껑을 덮어요.

081
pot
[pat]

명사 (속이 깊은) 냄비, 솥

I cook beef in a **pot**.
나는 냄비에 소고기를 요리한다.

082
lid
[lid]

명사 뚜껑

Close the **lid**.
뚜껑을 닫아라.

What do you hang across a window? 창문에 거는 것은?

답: curtain

DAY 06

person의 복수형은 people이에요. 그래서 사람이 한 명인 경우 person을 쓰고, 두 명 이상인 경우 people을 써요.

083 ☐☐
person
[pə́ːrsn]

명사 사람
She is a nice **person**.
그녀는 좋은 사람이다.

084 ☐☐
people
[píːpl]

명사 사람들
the American **people**
미국 사람들

Word Skill

● **Complete the phrase. Write the correct words.**

lid   curtains   window

close the ...

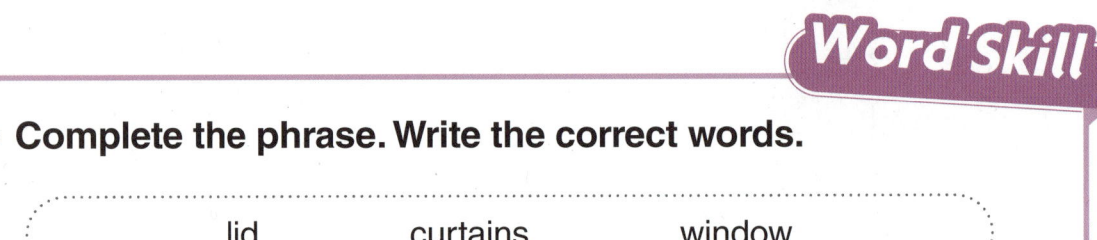

1   2   3

Answers 1 window 2 lid 3 curtains

Daily Test

정답 p.136

A Look, choose, and write. a r t u

1. j__ice
2. sug__r
3. po__
4. pe__son

B Listen and circle. Then write.

```
k  s  p  j  s  l
b  r  e  a  k  f
w  h  o  l  i  b
h  j  p  k  n  h
b  c  l  o  s  e
f  w  e  d  h  a
```

1.
2.
3.
4.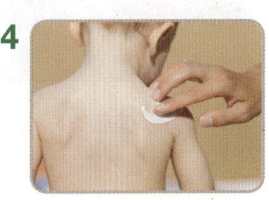

C Choose and complete.

> curtains   tomatoes   body   spoon

1. The baby has a small _____. 그 아기는 작은 **몸**을 가지고 있다.

2. She is hanging the _____. 그녀는 **커튼**을 걸고 있다.

3. The _____ taste sweet. 그 **토마토들**은 맛이 달다.

4. I have a long _____. 나는 긴 **숟가락**을 가지고 있다.

DAY 06 / 033

DAY 07

에펠탑은 **인기 있는 장소**예요.

085
popular
[pápjulər]

형용사 인기 있는

That tower is very **popular**.
저 탑은 매우 인기가 있다.

086
place
[pleis]

명사 장소, 곳

It is a good **place** for a picnic.
이곳은 소풍하기 좋은 장소이다.

초를 불어요.

087
candle
[kǽndl]

명사 초, 양초

There are five **candles** on the cake.
그 케이크 위에 다섯 개의 초가 있다.

088
blow
[blou]

동사 불다

You should **blow** hard.
너는 세게 불어야 한다.

놀이터에서 함께 놀아요.

089
playground
[pléigràund]

명사 놀이터, 운동장

Kids are at the **playground**.
아이들이 놀이터에 있다.

090
together
[təgéðər]

부사 함께

Let's play **together**.
함께 놀자.

What can you see on a cake? 케이크 위에서 볼 수 있는 것은?   답: candle

STEP 1 영단어와 예문 듣기
STEP 2 영단어와 예문 듣고 따라 읽기
따라 읽은 후, 단어를 보고 스스로 읽어보세요.
STEP 3 동영상으로 실력 다지기
영상을 보며 단어와 예문을 다시 한번 익히세요.

1년은 12달이에요.

091
year
[jiər]

명사 년, 해
in the **year** 2023
2023년에

092
month
[mʌnθ]

명사 월, 달
June is my favorite **month**.
6월은 내가 가장 좋아하는 달이다.

볼에 입을 맞춰요.

093
cheek
[tʃiːk]

명사 볼, 뺨
The baby's **cheeks** are pink.
그 아기의 볼은 분홍색이다.

094
kiss
[kis]

동사 입을 맞추다   명사 키스, 입맞춤
kiss on the cheek
볼에 입을 맞추다

오늘은 바람이 강해요.

095
wind
[wind]

명사 바람
The **wind** is very cold.
바람이 매우 차다.

096
strong
[strɔːŋ]

형용사 힘센, 강한   반의어 weak 약한
The **strong** man is holding an umbrella.
그 힘센 남자는 우산을 잡고 있다.

 What is one of the twelve parts of a year? 1년을 12로 나눈 것 중 하나는?   답: month

DAY 07 / 035

Focus ON

right와 wrong은 반의어 관계예요. right는 어떤 것이 사실이거나 도덕적으로 올바를 때 사용하고, 반대로 wrong은 사실이 아니거나 도덕적으로 잘못된 것에 사용해요.

097 ☐☐
right
[rait]

형용사 맞는, 올바른 반의어 wrong 틀린, 잘못된

It is the **right** answer.
그것은 맞는 답이다.

098 ☐☐
wrong
[rɔːŋ]

형용사 틀린, 잘못된 반의어 right 맞는, 올바른

That is the **wrong** way.
저건 틀린 길이다.

Word Skill

• **Look and match.**

1. place   2. thing   3. body

a
candle

b
playground

c
cheek

Answers 1b 2a 3c

Daily Test

정답 p.137

A Listen and circle.

1 playground

a

b

2 right

a

b

3 popular

a

b

B Unscramble and write.

1
l b o w

2
s k s i

3
w d i n

C Choose and complete.

> place   wrong   together   strong

1 Let's play _____. 함께 놀자.

2 That is the _____ way. 저건 **틀린** 길이다.

3 The _____ man is holding an umbrella. 그 **힘센** 남자는 우산을 잡고 있다.

4 It is a good _____ for a picnic. 이곳은 소풍하기 좋은 **장소**이다.

DAY 07 / 037

DAY 08

학습일 1차 월 일   2차 월 일

버터와 치즈를 먹어요.

099
butter
[bʌ́tər]

명사 버터

I put **butter** on my bread.
나는 내 빵에 버터를 바른다.

100
cheese
[tʃiːz]

명사 치즈

I want some **cheese**.
나는 약간의 치즈를 원한다.

나뭇가지를 모아 불을 지펴요.

101
stick
[stik]

명사 나뭇가지; 막대기

We have many **sticks**.
우리에게는 나뭇가지가 많다.

102
fire
[faiər]

명사 불

Let's make a **fire** now.
이제 불을 만들자[지피자].

소녀는 용감해요.

103
girl
[gəːrl]

명사 소녀

The **girl** is six years old.
그 소녀는 여섯 살이다.
참고 boy 소년

104
brave
[breiv]

형용사 용감한

You are so **brave**!
너 정말 용감하구나!

What do you use to make a fire? 불을 피우기 위해 쓰는 것은?

답: stick

시간에는 '시'와 '분'이 있어요.

105 **hour** [auər]

명사 시간, 1시간

A day has 24 **hours**.
하루는 24시간이다.

106 **minute** [mínit]

명사 (시간 단위의) 분

Wait for five **minutes**.
5분만 기다려.

칠판에 분필로 글을 써요.

107 **board** [bɔːrd]

명사 1 칠판, 보드 2 널빤지

I write on the **board**.
나는 칠판에 글을 쓴다.

108 **chalk** [tʃɔːk]

명사 분필

I can draw with **chalk**.
나는 분필로 그림을 그릴 수 있다.

병에 물이 가득 있어요.

109 **bottle** [bátl]

명사 1 병 2 한 병(의 양)

She is opening the **bottle**.
그녀는 그 병을 열고 있다.

110 **full** [ful]

형용사 1 가득 찬 반의어 empty 비어 있는
2 배부른 반의어 hungry 배고픈

The bottle is **full**.
그 병은 가득 찼다.

 What can you write with? 글을 쓸 수 있는 것은?   답: chalk

some은 '일부', every는 '모두'를 의미해요. 단, every는 단수명사와 함께 쓴다는 것! every는 어떤 집단에 속한 하나 하나를 지칭하여, 결국 모두를 가리키는 단어이기 때문이죠.

111 ☐☐

some
[səm]

형용사 **1** 일부의[어떤] **2** 조금의[약간의]
Some bugs have wings.
어떤 벌레들은 날개가 있다.

112 ☐☐

every
[évri]

형용사 모든
Every car has wheels.
모든 차는 바퀴가 있다.

Word Skill

● **Look and write.**

1. _____ + board = blackboard
2. fire + place = _____

Answers 1 black 2 fireplace

Daily Test

정답 p.137

A Listen and circle.

full
brave

butter
cheese

every
some

stick
board

B Circle and write.

1    k s o m e p n b
_____

2    j m i n u t e h
_____

3    s d o c f i r e
_____

4    w f f u l l p y
_____

C Choose and complete.

> butter   girl   hours   bottle

1 A day has 24 _____. 하루는 24시간이다.

2 I put _____ on my bread. 나는 내 빵에 **버터**를 바른다.

3 The _____ is six years old. 그 **소녀**는 여섯 살이다.

4 She is opening the _____. 그녀는 그 **병**을 열고 있다.

DAY 08 / 041

DAY 09

극장에서 영화를 봐요.

113 ☐☐
theater
[θíːətər]

명사 극장, 영화관
We go to the **theater**.
우리는 극장에 간다.

114 ☐☐
movie
[múːvi]

명사 영화
Let's watch a **movie**.
영화를 보자.

동물들은 달려서 사냥을 해요.

115 ☐☐
run
[rʌn]

동사 (과거형 ran) 달리다
Cheetahs **run** fast.
치타는 빨리 달린다.

116 ☐☐
hunt
[hʌnt]

동사 사냥하다   명사 사냥
They **hunt** deer.
그들은 사슴을 사냥한다.

둥근 얼굴을 가지고 있어요.

117 ☐☐
round
[raund]

형용사 둥근, 동그란
Its eyes are **round**.
그것의 눈은 둥글다.

118 ☐☐
face
[feis]

명사 얼굴
The dog has a cute **face**.
그 개는 귀여운 얼굴을 가지고 있다.

Where do you go to watch movies?   영화를 보러 가는 곳은?

답: theater

STEP 1 영단어와 예문 듣기
STEP 2 영단어와 예문 듣고 따라 읽기
따라 읽은 후, 단어를 보고 스스로 읽어보세요.
STEP 3 동영상으로 실력 다지기
영상을 보며 단어와 예문을 다시 한번 익히세요.

저녁에는 뉴스를 봐요.

119 ☐☐
evening
[íːvniŋ]

명사 저녁
What do you usually do in the **evening**? 너는 저녁에 보통 무엇을 하니?
참고 morning 아침   afternoon 오후

120 ☐☐
news
[nuːz]

명사 뉴스, 소식
I watch the **news**.
나는 뉴스를 본다.

여러 색의 물감을 섞어요.

121 ☐☐
paint
[peint]

명사 1 그림 물감 2 페인트
동사 1 물감으로 그리다 2 페인트를 칠하다
She used yellow **paint**.
그녀는 노란색 물감을 사용했다.

122 ☐☐
mix
[miks]

동사 섞다
Let's **mix** colors.
색을 섞어 보자.

온라인 게임도 하고 영상도 봐요.

123 ☐☐
online
[áːnlain]

형용사 온라인의
play an **online** game
온라인 게임을 하다

124 ☐☐
video
[vídiòu]

명사 영상, 비디오
Do you watch YouTube **videos**?
너는 유튜브 영상들을 보니?

💬 What do you use to color? 색칠하기 위해 쓰는 것은?   답: paint

weather은 흐림, 더위, 바람 등과 같은 날씨를 의미하고, season은 봄, 여름, 가을, 겨울의 계절을 의미해요. 각 '계절(season)'마다 '날씨(weather)'는 달라지죠.

125 ☐☐
weather
[wéðər]

명사 날씨

The **weather** is nice.
날씨가 좋다.

126 ☐☐
season
[síːzn]

명사 계절

What is your favorite **season**?
네가 가장 좋아하는 계절은 무엇이니?

Word Skill

● Complete the phrase. Write the correct words.

> movie   video   news

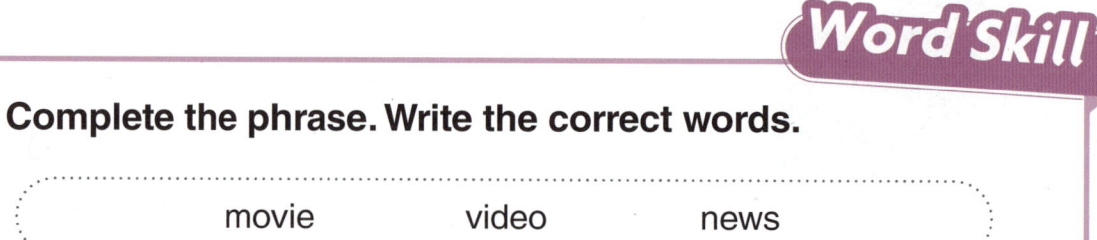

watch (a) ...

1   2   3

Answers 1 news 2 movie 3 video

Daily Test

정답 p.137

A Look, choose, and write. o a v u

 vide__

 ro__nd

 we__ther

 mo__ie

B Listen and circle. Then write.

l	k	p	j	h	t
s	e	a	s	o	n
w	n	i	b	g	e
h	u	n	t	j	w
d	f	t	o	p	s
m	j	b	v	c	m

1
_____

2
_____

3
_____

4
_____

C Choose and complete.

> mix   evening   theater   run

1 We go to the _____. 우리는 **극장**에 간다.

2 Let's _____ colors. 색을 **섞어** 보자.

3 Cheetahs _____ fast. 치타는 빨리 **달린다**.

4 What do you usually do in the _____? 너는 **저녁**에 보통 무엇을 하니?

DAY 10 Sports & Music

학습일 1차 월 일 2차 월 일

127~140

badminton
배드민턴

soccer
축구

tennis
테니스

baseball
야구

basketball
농구

golf
골프

volleyball
배구

table tennis
탁구

hockey
하키

Today's Phonics

v는 윗니로 아랫입술을 깨문 상태로, '브'라고 발음해요.

b/v
b와 v는 모두 우리말 '브'처럼 소리 나요.

 **b**asketball

 **v**olleyball

STEP 1 영단어와 예문 듣기
STEP 2 영단어와 예문 듣고 따라 읽기
따라 읽은 후, 단어를 보고 스스로 읽어보세요.
STEP 3 동영상으로 실력 다지기
영상을 보며 단어와 예문을 다시 한번 익히세요.

flute
플루트

drum
드럼

guitar
기타

violin
바이올린

piano
피아노

어떤 스포츠를 하거나 악기를 연주할 때, 동사 play를 사용해요.

 당신은 음악 동아리에 들어가게 되었어요. 어떤 악기들을 배워보고 싶나요?

1. _____ 2. _____ 3. _____

Today's Sentences

스포츠와 악기에 대해 말하기

I play **baseball**. 나는 야구를 한다.
She plays the **piano**. 그녀는 피아노를 친다.

DAY 10 / 047

Daily Test

A Check the correct pictures. ✓

1 golf

a

b

2 badminton

a

b

3 volleyball

a

b

▶ These words are about (sports / music).

B Listen and match. ▶

1   2   3   4

a
flute

b
piano

c
guitar

d
drum

C Follow the lines. Write what they play.

basketball   violin   soccer   guitar

1 Andy plays _____.

2 Katie plays the _____.

3 Bella plays _____.

4 Sam plays the _____.

● Now, look and guess the sport.

 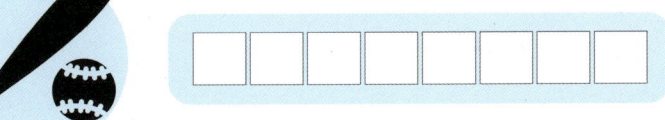

Review DAY 01~10

A Find the words in the box and write.

| tired | young | dish | place | close |
| right | break | news | month | rest |

01 쉬다; 휴식 — _ _ _ _
02 어린, 젊은 — _ _ _ _ _
03 월, 달 — _ _ _ _ _
04 맞는, 올바른 — _ _ _ _ _
05 장소, 곳 — _ _ _ _ _
06 깨다 — _ _ _ _ _
07 뉴스, 소식 — _ _ _ _
08 닫다; 가까운 — _ _ _ _ _
09 피곤한 — _ _ _ _ _
10 (움푹한) 큰 접시; 요리 — _ _ _ _

B Look at the letters in pink. Then answer the question below.

What does the sun drink out of?

_ _ _ _ _ _ _ _ _ _

C Look at the words below. Write each word in the correct box.

> ride   cheese   hour   zoo
> minute   theater   tomato   paint

1 Words That Name Food

_____
_____

2 Words About Time

_____
_____

3 Words That Show Action

_____
_____

4 Words That Name Places

_____
_____

DAY 11

학습일 1차 월 일 2차 월 일

가게에서 돈을 내요.

141 □□
store
[stɔːr]

명사 가게, 상점 유의어 shop 가게, 상점
The **store** closes at nine o'clock.
그 가게는 아홉 시에 닫는다.

142 □□
pay
[pei]

동사 (과거형 paid) (비용 등을) 지불하다[내다]
She **pays** for the clothes.
그녀는 그 옷값을 지불한다.

미술관에는 그림이 많아요.

143 □□
museum
[mjuːzíːəm]

명사 미술관, 박물관
I'll go to the art **museum** next week.
나는 다음 주에 그 미술관에 갈 것이다.
참고 art museum 미술관

144 □□
painting
[péintiŋ]

명사 (물감으로 그린) 그림
There are many famous **paintings**.
유명한 그림들이 많이 있다.

꽃집에서 튤립을 팔아요.

145 □□
flower shop
[fláuər ʃap]

명사 꽃집
My favorite **flower shop** is near here.
내가 가장 좋아하는 꽃집이 이 근처에 있다.

146 □□
tulip
[tjúːlip]

명사 튤립
She buys some **tulips** for her mother.
그녀는 어머니를 위해 약간의 튤립을 산다.

 Where can you buy tulips? 튤립을 살 수 있는 곳은?   답: flower shop

STEP 1 영단어와 예문 듣기
STEP 2 영단어와 예문 듣고 따라 읽기
따라 읽은 후, 단어를 보고 스스로 읽어보세요.
STEP 3 동영상으로 실력 다지기
영상을 보며 단어와 예문을 다시 한번 익히세요.

상쾌한 공기를 마셔요.

147
fresh
[freʃ]

형용사 **1** 상쾌한 **2** (음식 등이) 신선한
She feels **fresh** in the morning.
그녀는 아침에 기분이 상쾌하다.

148
air
[ɛər]

명사 공기
get some fresh **air**
상쾌한 공기를 좀 쐬다

아프면 병원에 가요.

149
sick
[sik]

형용사 아픈
My son is **sick** today.
내 아들은 오늘 아프다.

150
hospital
[háspitl]

명사 병원
She took the boy to the **hospital**.
그녀는 그 소년을 병원에 데려갔다.

정상이 곧 보일 거야.

151
soon
[suːn]

부사 곧, 이내, 머지않아
We will arrive **soon**.
우리는 곧 도착할 것이다.

152
see
[siː]

동사 (과거형 saw) 보다
Can you **see** the top of the mountain?
그 산의 정상이 보이나요?

Where do you go when you feel sick? 아플 때 가는 곳은?   답: hospital

DAY 11 / 053

between과 behind는 위치를 나타내는 전치사예요. between은 둘 사이의 가운데 위치하는 것을 뜻하고, behind는 어떤 것의 뒤에 있음을 뜻해요.

153 ☐☐
between
[bitwíːn]

전치사 ~ 사이에

The girl is **between** her mom and dad.
그 소녀는 그녀의 엄마와 아빠 사이에 있다.

154 ☐☐
behind
[biháind]

전치사 ~ 뒤에

She sits **behind** me in class.
그녀는 수업에서 내 뒤에 앉는다.

Word Skill

- **Complete the phrase. Write the correct words.**

  hospital   store   museum

  go to a ...

  1. _____
  2. _____
  3. _____

Answers 1 store 2 museum 3 hospital

Daily Test

정답 p.137

A Look, choose, and write. e w o k

1. mus___um

2. s___on

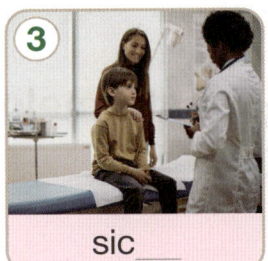
3. sic___

4. bet___een

B Listen and circle. Then write.

k	m	f	l	b	q
s	t	o	r	e	p
j	u	l	g	h	f
m	l	f	a	i	r
g	i	h	j	n	m
f	p	w	n	d	l

1. _____

2. _____

3. _____

4. _____

C Choose and complete.

> pays   fresh   hospital   paintings

1. There are many famous _____. 유명한 **그림들**이 많이 있다.

2. She feels _____ in the morning. 그녀는 아침에 기분이 **상쾌하다**.

3. She _____ for the clothes. 그녀는 옷값을 **지불한다**.

4. She took the boy to the _____. 그녀는 그 소년을 **병원**에 데려갔다.

DAY 11 / 055

DAY 12

학습일 1차 월 일 2차 월 일

MP3

수박에는 씨가 있어요.

155 ☐☐
watermelon
[wɔ́ːtərmèlən]

명사 수박

I like **watermelons**.
나는 수박을 좋아한다.

---

156 ☐☐
seed
[siːd]

명사 씨, 씨앗

Do you eat the **seeds** in fruit?
당신은 과일 안에 있는 그 씨들을 먹나요?

소년은 똑똑해요.

157 ☐☐
boy
[bɔi]

명사 소년

The **boy** does well in school.
그 소년은 학교에서 잘 한다[공부를 잘 한다].

참고 girl 소녀

---

158 ☐☐
smart
[smaːrt]

형용사 똑똑한   반의어 stupid 멍청한

Jack is a **smart** student.
잭은 똑똑한 학생이다.

그녀에겐 아들과 딸이 있어요.

159 ☐☐
son
[sʌn]

명사 아들

Her **son** is five years old.
그녀의 아들은 다섯 살이다.

---

160 ☐☐
daughter
[dɔ́ːtər]

명사 딸

Her **daughter** goes to middle school.
그녀의 딸은 중학교를 다닌다.

💬 **What fruit has stripes?** 줄무늬가 있는 과일은?

답: watermelon

| STEP 1 영단어와 예문 듣기 | STEP 2 영단어와 예문 듣고 따라 읽기 따라 읽은 후, 단어를 보고 스스로 읽어보세요. | STEP 3 동영상으로 실력 다지기 영상을 보며 단어와 예문을 다시 한번 익히세요. |

사무실을 떠나요.

161
office
[ɔ́:fis]

명사 사무실

I work in an **office**.
나는 사무실에서 일한다.

162
leave
[li:v]

동사 (과거형 left) 떠나다[출발하다]
반의어 stay 머무르다

He must **leave** before seven.
그는 일곱 시 전에 떠나야만 한다.

울타리는 높아요.

163
fence
[fens]

명사 울타리

He is painting the **fence**.
그는 울타리에 페인트 칠을 하고 있다.

164
tall
[tɔ:l]

형용사 키가 큰, 높은 반의어 short 키가 작은

The man is very **tall**.
그 남자는 키가 매우 크다.

어항에 금붕어를 키워요.

165
fishbowl
[fíʃbòul]

명사 어항

I bought a **fishbowl** for my fish.
나는 내 물고기를 위해 어항을 샀다.

166
goldfish
[góuldfìʃ]

명사 금붕어

Do you want a **goldfish**?
너는 금붕어를 원하니?

 What can you have in a fishbowl? 어항에서 키울 수 있는 것은?   답: goldfish

fat은 살이 많이 찐 것을 묘사할 때 사용되지만 사람에게 쓰면 무례할 수 있어요. 반면 pretty는 예쁘다는 뜻으로, 칭찬의 의미로 많이 쓰이는 단어예요.

167 ☐☐
fat
[fæt]

형용사 뚱뚱한

The cat looks **fat**.
그 고양이는 뚱뚱해 보인다.

168 ☐☐
pretty
[príti]

형용사 예쁜   유의어 beautiful 아름다운

The girl has a **pretty** smile.
그 소녀는 예쁜 미소를 가지고 있다.

Word Skill

● **Match to their opposites.**

1
leave

2
smart

3
short

a
tall

b
stay

c
stupid

Answers 1b 2c 3a

Daily Test

A Listen and circle.

1 leave

2 watermelon

3 goldfish

B Unscramble and write.

1
t l a l

2
n o s

3
a f t

C Choose and complete.

> smart   fence   office   daughter

1 Her _____ goes to middle school. 그녀의 **딸**은 중학교를 다닌다.

2 Jack is a _____ student. 잭은 **똑똑한** 학생이다.

3 He is painting the _____. 그는 **울타리**에 페인트 칠을 하고 있다.

4 I work in an _____. 나는 **사무실**에서 일한다.

DAY 13

학습일 1차 월 일   2차 월 일

성에는 왕이 살아요.

169 ☐☐
castle
[kǽsl]

명사 성
He lives in an old **castle**.
그는 오래된 성에 산다.

170 ☐☐
king
[kiŋ]

명사 왕, 국왕
Who is the **king** of the country?
그 나라의 왕은 누구인가요?
참고 queen 여왕; 왕비

장난감을 함께 써요.

171 ☐☐
toy
[tɔi]

명사 장난감
What is your favorite **toy**?
네가 가장 좋아하는 장난감은 무엇이니?

172 ☐☐
share
[ʃɛər]

동사 1 함께 쓰다 2 나누다
Let's **share** this toy car.
이 장난감 자동차를 함께 쓰자.

암탉은 달걀을 낳아요.

173 ☐☐
hen
[hen]

명사 암탉
We have a **hen** at our farm.
우리는 우리 농장에 암탉 한 마리를 갖고 있다.

174 ☐☐
egg
[eg]

명사 달걀[계란], 알
We can cook the **eggs**.
우리는 그 달걀들을 요리할 수 있다.

💬 **What do hens make?** 암탉이 만드는 것은?   답: egg

STEP 1	STEP 2	STEP 3
영단어와 예문 듣기	영단어와 예문 듣고 따라 읽기 따라 읽은 후, 단어를 보고 스스로 읽어보세요.	동영상으로 실력 다지기 영상을 보며 단어와 예문을 다시 한번 익히세요.

백과 천은 숫자예요.

175 ☐☐
hundred
[hʌ́ndrəd]

명사 백, 100

one **hundred** people
백 명의 사람들

참고 hundreds of 수백의

---

176 ☐☐
thousand
[θáuzənd]

명사 천, 1000

Thousands of people watched the show. 수천 명의 사람들이 그 공연을 봤다.

참고 thousands of 수천의

아이스크림이 콘 안에 있어요.

177 ☐☐
ice cream
[áiskrì:m]

명사 아이스크림

I want strawberry **ice cream**.
나는 딸기 아이스크림을 원한다.

---

178 ☐☐
cone
[koun]

명사 콘, 원뿔

an ice cream **cone**
아이스크림 콘

사람들은 경기가 이기길 바라요.

179 ☐☐
win
[win]

동사 (과거형 won) 이기다 반의어 lose 지다

They **won** the game.
그들이 그 경기에서 이겼다.

---

180 ☐☐
hope
[houp]

동사 바라다   명사 희망

I **hope** we do well next time.
다음에는 우리가 잘 하기를 바란다.

💬 **What tastes sweet and is cold?** 단 맛이 나고 차가운 것은?   답: ice cream

DAY 13 / 061

Focus ON: where은 장소나 위치를 물어볼 때 사용하는 의문 부사이고, when은 시간이나 특정한 때를 물어볼 때 사용하는 의문 부사예요.

181 ☐☐
where
[wɛər]

부사 어디에(서), 어디로

Where did I put my phone?
내가 내 전화기를 어디에 뒀지?

182 ☐☐
when
[wen]

부사 언제

When is your birthday?
당신의 생일은 언제인가요?

Word Skill

● **Complete the phrase. Write the correct words.**

ice cream   toy   egg

buy a(n) ...

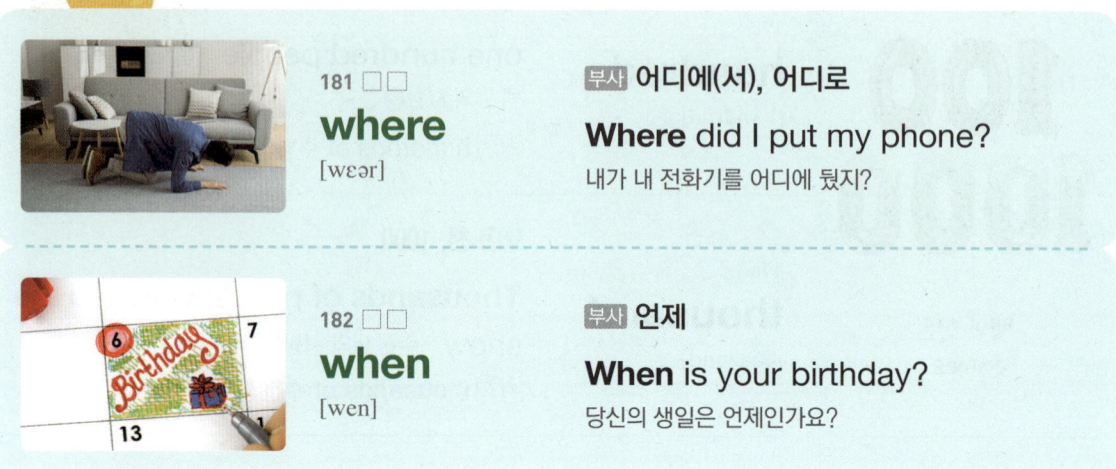

1.  _____   2.  _____   3. _____

Answers 1 egg 2 ice cream 3 toy

062

Daily Test

정답 pp.137~138

A Look, choose, and write. o e h n

hundr__d

whe__

h__pe

__en

B Listen and circle. Then write.

k	l	c	o	n	e
j	s	a	f	w	q
n	c	s	i	t	w
f	e	t	o	y	j
i	t	l	f	t	s
w	h	e	r	e	f

1

_____

2

_____

3

_____

4

_____

C Choose and complete.

> ice cream   share   When   won

1 _____ is your birthday? 당신의 생일은 **언제인가요**?

2 Let's _____ this toy car. 이 장난감 자동차를 **함께 쓰자**.

3 They _____ the game. 그들이 그 경기에서 **이겼다**.

4 I want strawberry _____. 나는 딸기 **아이스크림**을 원한다.

DAY 13 / 063

DAY 14

학습일 | 1차 월 일 | 2차 월 일

그 여자는
돈이 많아요.

183
woman
[wúmən]

명사 (복수형 women) (성인) 여자
The **woman** is wearing sunglasses.
그 여자는 선글라스를 끼고 있다.
참고 man (성인) 남자

184
rich
[rɪtʃ]

형용사 돈 많은 반의어 poor 가난한
Is she **rich**?
그녀는 돈이 많은가요[부자인가요]?

해변에서
모래성을 지어요.

185
sandcastle
[sǽndkæ̀sl]

명사 모래성
There is a **sandcastle** at the beach.
해변에 모래성이 있다.

186
build
[bɪld]

동사 (과거형 built) (건물을) 짓다, 만들다
What can you **build** with sand?
당신은 모래로 무엇을 지을 수 있나요?

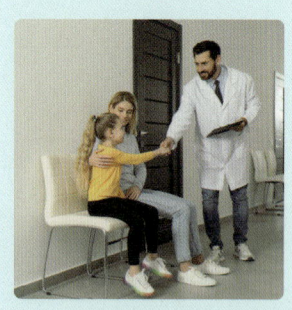

만나서
반가워요.

187
meet
[miːt]

동사 (과거형 met) 만나다
Where did you **meet** him?
너는 그를 어디에서 만났니?

188
glad
[glæd]

형용사 기쁜[반가운]
I'm **glad** to meet you!
만나서 반가워요!

What can you make at the beach? 해변에서 만들 수 있는 것은?   답: sandcastle

STEP 1 영단어와 예문 듣기
STEP 2 영단어와 예문 듣고 따라 읽기
따라 읽은 후, 단어를 보고 스스로 읽어보세요.
STEP 3 동영상으로 실력 다지기
영상을 보며 단어와 예문을 다시 한번 익히세요.

장난감 가게에서 장난감을 골라요.

189 toy store [tɔi stɔːr]
명사 장난감 가게 동의어 toy shop
We are at the **toy store**.
우리는 그 장난감 가게에 있다.

190 pick [pik]
동사 고르다 유의어 choose 선택하다, 고르다
I **picked** a gift for my friend.
나는 내 친구를 위한 선물을 골랐다.

세계 여행을 해요.

191 world [wəːrld]
명사 세계, 세상
around the **world**
전 세계로[에]

192 travel [trǽvəl]
동사 여행하다
I want to **travel** to Japan.
나는 일본으로 여행을 가고 싶다.

이른 아침에 일어나요.

193 early [ə́ːrli]
형용사 이른 반의어 late 늦은
부사 일찍, 빨리 반의어 late 늦게
It is **early** in the morning.
이른 아침이다.

194 wake [weik]
동사 (과거형 woke) (잠에서) 깨다[일어나다]
I **wake** up at seven.
나는 일곱 시에 일어난다.

💬 Where can you buy a doll? 인형을 살 수 있는 곳은?   답: toy store

DAY 14 / 065

Focus ON

who와 what는 사람이나 사물에 대해 구체적인 정보를 물어볼 때 사용하는 의문 대명사예요. who는 사람을 언급할 때, what은 행동이나 사물 등을 이야기할 때 사용해요.

195 ☐☐
who
[huː]

대명사 **누구**

Who is the man in that picture?
저 사진 속의 남자는 누구인가요?

196 ☐☐
what
[wət]

대명사 **무엇, 무슨**

What is your favorite food?
네가 가장 좋아하는 음식은 무엇이니?

Word Skill

● **Look and write.**

1
 +  =
_____ + store = toy store

2
 +  =
sand + _____ = sandcastle

Answers 1 toy 2 castle

Daily Test

A Listen and circle.

1 	2 	3 	4 
build / meet	wake / travel	glad / early	who / what

B Circle and write.

1    b h p i c k c s
_____

2    j s h r i c h p
_____

3    d o s w h o t t
_____

4  v w a k e r t k
_____

C Choose and complete.

> early   toy store   sandcastle   woman

1 We are at the _____. 우리는 그 **장난감 가게**에 있다.

2 There is a _____ at the beach. 해변에 **모래성**이 있다.

3 The _____ is wearing sunglasses. 그 **여자**는 선글라스를 끼고 있다.

4 It is _____ in the morning. **이른** 아침이다.

DAY 15 Clothes

학습일　1차　월　일　2차　월　일

197~210

shorts 반바지

hat 모자

shirt 셔츠

skirt 치마

pants 바지

sweater 스웨터

jeans 청바지

jacket 재킷

shoes 신발

Today's Phonics

sh
sh는 바람새는 소리로 우리말의 '쉬'와 비슷해요.

 **sh**irt

 **sh**oes

STEP 1	STEP 2	STEP 3
영단어와 예문 듣기	영단어와 예문 듣고 따라 읽기 따라 읽은 후, 단어를 보고 스스로 읽어보세요.	동영상으로 실력 다지기 영상을 보며 단어와 예문을 다시 한번 익히세요.

coat
코트

socks
양말

dress
원피스

gloves
장갑

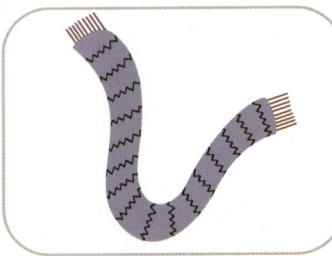
scarf
목도리

> 신발, 양말, 바지, 장갑 등 두 개가 짝을 이루는 명사들은 항상 복수형을 써요.

 당신은 오늘 크리스마스 파티에 참석하게 되었어요. 무엇을 입고 갈 건가요?

1. _____ 2. _____ 3. _____

Today's Sentences

복장에 대해 말하기

I am wearing a **hat**. 나는 모자를 쓰고 있다.

He is not wearing **jeans**. 그는 청바지를 입고 있지 않다.

Daily Test

A Check the correct pictures.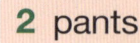

1 shorts

a

b

2 pants

a

b

3 scarf
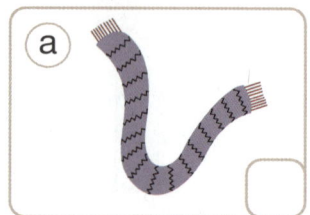
a

b

➥ These words are about (weather / **clothes**).

B Listen and match.

1 2 3 4

a shirt

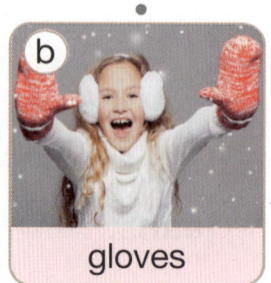
b gloves

c sweater

d skirt

C Look, choose, and write.

> shoes   jeans   hat   jacket
> sweater   dress   shirt   coat

1 Lisa is wearing a black _____ and a white _____.

2 Jenny is wearing a red _____ and yellow _____.

3 Ann is wearing a gray _____ and _____.

4 Kate is wearing a yellow _____ and a brown _____.

● Now, write the names in the pictures above.

DAY 16

학습일 1차 월 일 2차 월 일

숙제를 끝내요.

211 ☐☐
homework
[hóumwərk]

명사 숙제
I do my **homework** every day.
나는 매일 숙제를 한다.

212 ☐☐
finish
[fíniʃ]

동사 끝내다
She **finished** the book.
그녀는 그 책을 끝냈다.

엘리베이터 말고 계단으로 내려가요.

213 ☐☐
elevator
[éləvèitər]

명사 엘리베이터
ride[take] an **elevator**
엘리베이터를 타다

214 ☐☐
stair
[stɛər]

명사 계단
We will go down the **stairs**.
우리는 계단으로 내려갈 것이다.

카메라로 사진을 찍어요.

215 ☐☐
camera
[kǽmərə]

명사 카메라, 사진기
They brought a **camera**.
그들은 카메라를 가져왔다.

216 ☐☐
photo
[fóutou]

명사 사진 동의어 photograph
Let's take a **photo**.
사진 찍자.

💬 **What do you have to bring to school?** 학교에 가져가야 하는 것은?   답: homework

STEP 1	STEP 2	STEP 3
영단어와 예문 듣기	영단어와 예문 듣고 따라 읽기 따라 읽은 후, 단어를 보고 스스로 읽어보세요.	동영상으로 실력 다지기 영상을 보며 단어와 예문을 다시 한번 익히세요.

별은 밝아요.

217
star
[staːr]

명사 **별**

Do you see the **stars**?
당신은 그 별들이 보이나요?

218
bright
[brait]

형용사 **밝은**

Stars are **bright**.
별들은 밝다.

공을 던져요.

219
ball
[bɔːl]

명사 **공**

Can you catch the **ball**?
너는 그 공을 잡을 수 있니?

220
throw
[θrou]

동사 (과거형 threw) **던지다**

She **threw** the ball.
그녀는 그 공을 던졌다.

음악실에서 노래를 해요.

221
music room
[mjúːzik rùːm]

명사 **음악실**

There is a big **music room** in the school. 그 학교에는 큰 음악실이 있다.

222
sing
[siŋ]

동사 (과거형 sang) **노래하다**

Let's **sing** together.
함께 노래하자.

참고 singer 가수

 **Where can you practice singing?** 노래를 연습할 수 있는 곳은?   답: music room

DAY 16 / 073

Focus ON

pair와 piece는 사물의 수량을 나타낼 때 사용해요. pair는 신발, 양말과 같이 두 개가 짝을 이루는 명사들과 함께 쓰고, piece는 어떤 것의 한 부분이나 조각을 나타낼 때 사용해요.

223 ☐☐
pair
[pɛər]

명사 한 쌍[켤레]
a **pair** of socks
양말 한 켤레

224 ☐☐
piece
[piːs]

명사 한 부분, 조각
I want a **piece** of cake.
나는 케이크 한 조각을 원한다.

Word Skill

● Look and write.

1.  +  =
   _____   fish   starfish

2.  +  =
   music   room   _____

Answers 1 star 2 music room

Daily Test

정답 p.138

A Look, choose, and write.   i h t e

el__vator

finis__

p__ece

s__ar

B Listen and circle. Then write.

e	r	b	s	e	f
l	p	a	i	r	w
w	h	g	n	l	p
q	o	b	g	n	h
d	t	h	r	o	w
e	o	f	r	e	b

1
_____

2
_____

3
_____

4
_____

C Choose and complete.

> music room   camera   bright   ball

1 They brought a _____. 그들은 **카메라**를 가져왔다.

2 Can you catch the _____? 너는 그 **공**을 잡을 수 있니?

3 Stars are _____. 별들은 **밝다**.

4 There is a big _____ in the school. 그 학교에는 큰 **음악실**이 있다.

DAY 17

마술쇼는 재미있어요.

225 ☐☐
magic
[mǽdʒik]

명사 마술, 마법

He can do **magic**.
그는 마술을 할 줄 안다.

---

226 ☐☐
show
[ʃou]

명사 공연, 쇼　동사 보여주다

go to a **show**
공연을 보러 가다

팀에 합류해요.

227 ☐☐
team
[ti:m]

명사 (스포츠 경기 등에서) 팀

My **team** will win the game.
내 팀이 그 경기를 이길 것이다.

---

228 ☐☐
join
[dʒɔin]

동사 합류하다, 함께 하다

He **joined** a soccer team.
그는 축구팀에 합류했다.

경찰서 앞에 승합차가 있어요.

229 ☐☐
police station
[pəlí:s stéiʃən]

명사 경찰서

The police work in a **police station**.
경찰은 경찰서에서 일한다.

---

230 ☐☐
van
[væn]

명사 승합차, 밴

a police **van**
경찰용 밴[죄수 호송차]

💬 **What can witches do?** 마녀가 할 수 있는 것은?　　답: magic

| STEP 1 영단어와 예문 듣기 | STEP 2 영단어와 예문 듣고 따라 읽기 따라 읽은 후, 단어를 보고 스스로 읽어보세요. | STEP 3 동영상으로 실력 다지기 영상을 보며 단어와 예문을 다시 한번 익히세요. |

그 남자는 나이가 많아요.

231
man
[mæn]

명사 (복수형 men) (성인) 남자
The **man** has a pet.
그 남자에게는 애완동물이 있다.
참고 woman (성인) 여성

232
old
[ould]

형용사 1 나이 많은, 늙은 반의어 young 어린, 젊은
2 오래된
His dog is **old**.
그의 개는 나이가 많다.

다치면 양호실에 가요.

233
hurt
[həːrt]

동사 (과거형 hurt) 다치게[아프게] 하다
형용사 다친
She **hurt** her leg.
그녀는 다리를 다쳤다.

234
nurse's office
[nə́ːrsiz ɔ́ːfis]

명사 양호실
I go to the **nurse's office**.
나는 양호실에 간다.

이 거인은 못생겼어요.

235
giant
[dʒáiənt]

명사 거인 형용사 거대한
The story is about a **giant**.
그 이야기는 한 거인에 대한 것이다.

236
ugly
[ʎgli]

형용사 못생긴, 보기 싫은
반의어 handsome 잘생긴
an **ugly** face
못생긴 얼굴

 Where do you go when you get hurt? 다치면 가는 곳은?   답: nurse's office

DAY 17 / 077

무리에 속한 모든 사람이나 사물을 나타낼 때 all을 쓰고, 합쳤을 때 전체의 양이 되거나 하나의 온전한 사물이 되는 두 개의 동일한 부분, 즉 절반을 가리킬 때 half를 써요.

237 ☐☐
all
[ɔːl]

대명사 모두   형용사 모든
I can eat **all** of the food.
나는 그 음식을 모두 먹을 수 있다.

238 ☐☐
half
[hæf]

명사 (복수형 halves) 반, 절반
a **half** of the apple 사과의 절반
cut an apple in **half** 사과를 반으로 자르다

● These words have two meanings. Choose and write. One is extra.

> van   giant   show

1

2

Answers 1 show 2 giant

078

Daily Test

정답 p.138

A Listen and circle.

1 old
a
b

2 police station
a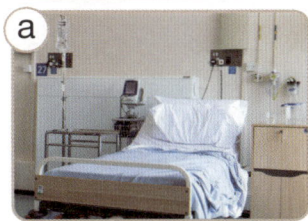
b

3 all
a
b

B Unscramble and write.

1
e t a m

2
h o s w

3
l a h f

C Choose and complete.

| magic | joined | giant | police station |

1 He _____ a soccer team. 그는 축구팀에 **합류했다**.

2 The police work in a _____. 경찰은 **경찰서**에서 일한다.

3 He can do _____. 그는 **마술**을 할 줄 안다.

4 The story is about a _____. 그 이야기는 한 **거인**에 대한 것이다.

DAY 18

오리는 연못에 살아요.

239 □ □
duck
[dʌk]

명사 오리

Ducks swim in the pond.
오리들이 그 연못에서 헤엄친다.

240 □ □
pond
[pand]

명사 연못

There is a small **pond**.
작은 연못이 있다.

포옹하며 맞이해요.

241 □ □
hug
[hʌg]

동사 포옹하다, 껴안다 명사 포옹

She **hugged** him.
그녀는 그를 껴안았다.

242 □ □
welcome
[wélkəm]

동사 맞이하다, 환영하다

I **welcomed** my friends to my home.
나는 내 집에 온 친구들을 맞이했다.

버튼을 눌러요.

243 □ □
button
[bʌ́tən]

명사 1 버튼 2 단추

Where is the **button**?
그 버튼은 어디에 있나요?

244 □ □
push
[puʃ]

동사 누르다, 밀다 반의어 pull 당기다, 끌다

Don't **push** the button.
그 버튼 누르지 마.

What do you do to welcome someone? 누군가를 환영하기 위해 하는 것은?   답: hug

STEP 1 영단어와 예문 듣기
STEP 2 영단어와 예문 듣고 따라 읽기
따라 읽은 후, 단어를 보고 스스로 읽어보세요.
STEP 3 동영상으로 실력 다지기
영상을 보며 단어와 예문을 다시 한번 익히세요.

밀림에는 동물이 살아요.

245
jungle
[dʒʌ́ŋgl]

명사 밀림, 정글

Monkeys live in the **jungle**.
원숭이들은 밀림에 산다.

246
animal
[ǽnəməl]

명사 동물

What is your favorite **animal**?
네가 가장 좋아하는 동물은 무엇이니?

그 탑은 거대해요.

247
tower
[táuər]

명사 탑, 타워

Did you see the clock **tower**?
당신은 그 시계탑을 보았나요?

248
huge
[hju:dʒ]

형용사 거대한, 엄청난

a **huge** building
거대한 건물

호수에서 낚시를 해요.

249
lake
[leik]

명사 호수

Fish live in the **lake**.
그 호수에는 물고기가 산다.

250
fishing
[fíʃiŋ]

명사 낚시

We go **fishing** on the weekend.
우리는 주말에 낚시하러 간다.

 Where can you catch fish? 낚시를 할 수 있는 곳은?

답: lake

어떤 일에 대한 후회나 미안함 등을 표현할 때 "I'm sorry."라고 말해요. 그리고 그 미안하다는 사과를 받아들일 때, 괜찮다는 뜻으로 "It's okay."라고 대답할 수 있어요.

251 ☐☐
sorry
[sári]

형용사 미안한
I am **sorry**.
미안해요.

252 ☐☐
okay
[óukéi]

형용사 괜찮은   동의어 OK
Are you **okay**?
너 괜찮아?

Word Skill

- **Complete the phrase. Write the correct words.**

jungle   pond   lake

live in a ...

1    2    3

Answers 1 pond 2 lake 3 jungle

Daily Test

정답 p.138

A Listen and circle.

1. lake / pond

2. sorry / okay

3. push / hug

4. animal / duck

B Circle and write.

1.  b w f p u s h k _____

2.  m u o k a y h c _____

3.  r l a k e b e s _____

4.  n f t o w e r r _____

C Choose and complete.

| fishing   tower   welcomed   jungle |

1. Monkeys live in the _____. 원숭이들은 **밀림**에 산다.

2. Did you see the clock _____? 당신은 그 시계**탑**을 보았나요?

3. We go _____ on the weekend. 우리는 주말에 **낚시**하러 간다.

4. I _____ my friends to my home. 나는 내 집에 온 친구들을 **맞이했다**.

DAY 18 / 083

DAY 19

서점에서 책을 골라요.

253 ☐☐
bookstore
[búkstɔ̀r]

명사 서점, 책방　동의어 bookshop 서점

Let's go to the **bookstore**.
서점에 가자.

254 ☐☐
choose
[tʃuːz]

동사 (과거형 chose) 선택하다, 고르다
유의어 pick 고르다

I am **choosing** a book.
나는 책을 고르고 있다.

로켓을 타고 우주로 가요.

255 ☐☐
rocket
[rákit]

명사 로켓

A **rocket** can fly.
로켓은 날 수 있다.

256 ☐☐
space
[speis]

명사 우주

travel to **space**
우주로 여행을 가다

날씨가 흐리고 바람이 불어요.

257 ☐☐
cloudy
[kláudi]

형용사 흐린, 구름이 낀

The sky is **cloudy**.
하늘이 흐리다.

258 ☐☐
windy
[wíndi]

형용사 바람이 많이 부는

It is **windy** outside.
밖에 바람이 많이 분다.

💬 Where do you go to buy books? 책을 사러 가는 곳은?　답: bookstore

| STEP 1 영단어와 예문 듣기 | STEP 2 영단어와 예문 듣고 따라 읽기 따라 읽은 후, 단어를 보고 스스로 읽어보세요. | STEP 3 동영상으로 실력 다지기 영상을 보며 단어와 예문을 다시 한번 익히세요. |

시험 점수를 받아요.

259 ☐☐
test
[test]

명사 시험 유의어 exam 시험 동사 시험하다
We will take a **test** this afternoon.
우리는 오후에 시험을 볼 것이다.

260 ☐☐
score
[skɔːr]

명사 점수
I got a high **score**.
나는 높은 점수를 받았다.

축구공을 차요.

261 ☐☐
soccer ball
[sákər bɔːl]

명사 축구공
Is that your **soccer ball**?
그거 네 축구공이니?

262 ☐☐
kick
[kik]

동사 차다
He is **kicking** the ball.
그는 그 공을 차고 있다.

앵무새는 새장에 있어요.

263 ☐☐
parrot
[pǽrət]

명사 앵무새
Can **parrots** talk?
앵무새들은 말을 할 수 있나요?

264 ☐☐
cage
[keidʒ]

명사 새장, 우리
The birds are in a **cage**.
그 새들은 새장 안에 있다.

 What can you kick? 찰 수 있는 것은? 답: soccer ball

DAY 19 / 085

Focus ON

'하나', '둘'하고 숫자를 셀 때는 영어로 각각 one, two라고 표현하고, '첫 번째', '두 번째'의 순서를 나타낼 때는 각각 first, second라고 표현해요.

265 ☐☐
first
[fə:rst]

형용사 첫 번째의 부사 맨 먼저, 첫째로
It's my **first** day at school.
학교에서의 첫 날이에요.

266 ☐☐
second
[sékənd]

형용사 두 번째의 부사 두 번째로
We are on the **second** floor.
우리는 2층에 있다.
참고 third 세 번째의; 세 번째로

Word Skill

• **Look and write.**

1
 +  =
_____   ball   soccer ball

2
 +  =
book   _____   bookstore

Answers 1 soccer 2 store

Daily Test

정답 p.138

A Look, choose, and write. y h c o

1. parr__t

2. c__oose

3. wind__

4. se__ond

B Listen and circle. Then write.

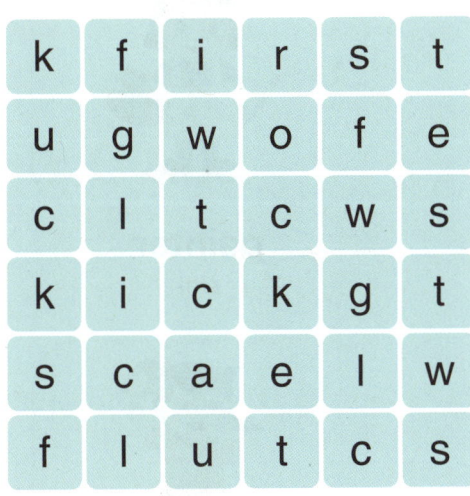

1. _____

2. _____

3. _____

4. _____

C Choose and complete.

> bookstore   cage   cloudy   score

1 I got a high _____. 나는 높은 **점수**를 받았다.

2 Let's go to the _____. **서점**에 가자.

3 The sky is _____. 하늘이 **흐리다**.

4 The birds are in a _____. 그 새들은 **새장** 안에 있다.

DAY 20 Jobs

학습일 1차 월 일 | 2차 월 일

267~280

movie star
영화배우

farmer
농부

nurse
간호사

doctor
의사

pilot
조종사

painter
화가

police officer
경찰

firefighter
소방관

singer
가수

Today's Phonics

er · or
er과 or은 우리말 '얼' 처럼 소리 나요.

danc**er**

doct**or**

088

STEP 1	STEP 2	STEP 3
영단어와 예문 듣기	영단어와 예문 듣고 따라 읽기 따라 읽은 후, 단어를 보고 스스로 읽어보세요.	동영상으로 실력 다지기 영상을 보며 단어와 예문을 다시 한번 익히세요.

driver
운전기사

baker
제빵사

dancer
무용수

vet
수의사

teacher
선생님

-er은 '~하는 사람'이라는 뜻으로, 『teach + -er』은 '가르치는 사람', 즉 '선생님'을 뜻해요.

 먼 훗날 자신의 미래를 상상해 보세요. 커서 무엇이 되고 싶나요?

1. _____ 2. _____ 3. _____

Today's Sentences

장래 희망에 대해 말하기

I want to be a **singer**. 나는 가수가 되고 싶다.

He wants to be a **pilot**. 그는 조종사가 되고 싶어 한다.

DAY 20 / 089

Daily Test

A Check the correct pictures.

1 police officer

2 teacher

3 movie star

➥ These words are about (places / **jobs**).

B Find, circle, and write.

firefighter painter nurse pilot

1. _____ 2. _____ 3. _____ 4. _____

 **Look and choose.**

1
   a I want to be a doctor.
   b I want to be a teacher.

2
   a He wants to be a movie star.
   b He wants to be a singer.

Look, listen, and write.

- **Now, write the hidden word.**

  The hidden word is ___ ___ ___ ___ ___ .

Review DAY 11~20

A Find the words in the box and write.

| throw | huge | test | lake | king |
| half | fence | share | hope | smart |

01 함께 쓰다, 나누다 ___ ___ ___ ___ ___
02 울타리 ___ ___ ___ ___ ___
03 호수 ___ ___ ___ ___
04 반, 절반 ___ ___ ___ ___
05 거대한, 엄청난 ___ ___ ___ ___
06 바라다; 희망 ___ ___ ___ ___
07 던지다 ___ ___ ___ ___ ___
08 똑똑한 ___ ___ ___ ___ ___
09 왕, 국왕 ___ ___ ___ ___
10 시험; 시험하다 ___ ___ ___ ___

B Look at the letters in pink. Then answer the question below.

What is the biggest ant in the world?

___ ___   ___ ___ ___ ___ ___ ___ ___ ___

C Look at the words below. Write each word in the correct box.

> pretty　　windy　　parrot　　thousand
> goldfish　　tall　　hundred　　cloudy

1 Words That Name Numbers

_____

_____

2 Words That Name Pets

_____

_____

3 Words That Tell About Looks

_____

_____

4 Words That Tell About Weather

_____

_____

DAY 21

어른들은 신문을 읽어요.

281
newspaper
[núːzpèipər]

명사 신문

He is reading a **newspaper**.
그는 신문을 읽고 있다.

282
read
[riːd]

동사 (과거형 read[red]) 읽다

A baby can't **read**.
아기는 글을 읽을 수 없다.

교회 종이 울려요.

283
church
[tʃəːrtʃ]

명사 교회

Do you go to **church**?
당신은 교회에 다니나요?

284
bell
[bel]

명사 종, 벨

The **bell** is ringing.
그 종이 울리고 있다.

달은 지구보다 작아요.

285
moon
[muːn]

명사 (the ~) 달

The **moon** is round.
달은 둥글다.

참고 Moon 또는 the Moon이라고도 표기함

286
earth
[əːrθ]

명사 (the ~) 지구

The **earth** goes around the sun.
지구는 태양 주위를 돈다.

참고 Earth 또는 the Earth라고도 표기함

Where do we live? 우리가 사는 곳은?

답: the earth

STEP 1
영단어와
예문 듣기

STEP 2
영단어와 예문 듣고 따라 읽기
따라 읽은 후, 단어를 보고 스스로 읽어보세요.

STEP 3
동영상으로 실력 다지기
영상을 보며 단어와 예문을 다시 한번 익히세요.

Video

친절한 사람은
남을 **도와줘요.**

287 □□
kind
[kaind]

형용사 친절한, 다정한 명사 종류

a very **kind** person
매우 친절한 사람

288 □□
help
[help]

동사 돕다 명사 도움

I **help** my friends.
나는 내 친구들을 도와준다.

자기소개를 할 때
이름을 말해요.

289 □□
name
[neim]

명사 이름

Hi, my **name** is Mike.
안녕, 내 이름은 마이크야.

290 □□
say
[sei]

동사 (과거형 said) 말하다

Say hello to your new friends.
너의 새 친구들에게 인사해라.

버스 정류장에서
버스를 **기다려요.**

291 □□
bus stop
[bʌs stɑːp]

명사 버스 정류장

They are at the **bus stop.**
그들은 버스 정류장에 있다.

292 □□
wait
[weit]

동사 기다리다

I am **waiting** for the bus.
나는 버스를 기다리고 있다.

Where do you wait for the bus? 버스를 기다리는 곳은?

답: bus stop

물체의 전후, 좌우, 상하 따위의 '한 쪽[측]'을 side라고 해요. 양측 모두를 가리킬 때는 '둘 다'를 뜻하는 both를 사용해 both sides라고 표현해요.

293 ☐☐
both
[bouθ]

대명사 둘 다

Both of us are tired.
우리는 둘 다 피곤하다.

294 ☐☐
side
[said]

명사 (상하·앞뒤·좌우의 한) 쪽[측], 옆면

the right **side** of the stairs
계단의 우측

Word Skill

● **Look and write.**

1.  bus +  stop =  _____

2.  _____ +  paper =  newspaper

Answers 1 bus stop 2 news

Daily Test

A Look, choose, and write. e t y o

1. sa___

2. ear___h

3. b___th

4. r___ad

B Listen and circle. Then write.

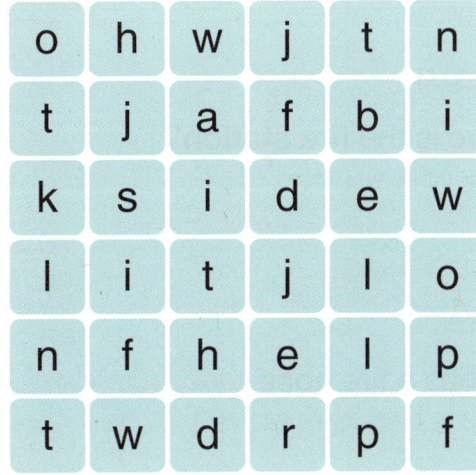

1. _____

2. _____

3. _____

4. _____

C Choose and complete.

| bus stop | church | name | newspaper |

1 He is reading a _____. 그는 **신문**을 읽고 있다.

2 Do you go to _____? 당신은 **교회**에 다니나요?

3 They are at the _____. 그들은 **버스 정류장**에 있다.

4 Hi, my _____ is Mike. 안녕, 내 **이름**은 마이크야.

DAY 22

게으른 소년이 소파에 앉아 있어요.

295 ☐☐
sofa
[sóufə]

명사 소파

He watches TV on the **sofa**.
그는 그 소파에서 TV를 본다.

296 ☐☐
lazy
[léizi]

형용사 게으른

a **lazy** child
게으른 아이

소방서에서는 호스를 써요.

297 ☐☐
fire station
[fáiər stéiʃən]

명사 소방서

Where is the **fire station**?
소방서는 어디에 있나요?

298 ☐☐
hose
[houz]

명사 호스

She has a fire **hose**.
그녀는 소방 호스를 가지고 있다.

공원에는 벤치가 있어요.

299 ☐☐
park
[pɑːrk]

명사 공원

The **park** has a playground.
그 공원에는 놀이터가 있다.

300 ☐☐
bench
[bentʃ]

명사 벤치, 긴 의자

They are sitting on the **bench**.
그들은 벤치에 앉아 있다.

 What do firefighters use? 소방관들이 사용하는 것은?   답: hose

STEP 1	STEP 2	STEP 3
영단어와 예문 듣기	영단어와 예문 듣고 따라 읽기 따라 읽은 후, 단어를 보고 스스로 읽어보세요.	동영상으로 실력 다지기 영상을 보며 단어와 예문을 다시 한번 익히세요.

함께 의자를 옮겨요.

301
chair
[tʃɛər]

명사 의자

We bought new **chairs**.
우리는 새 의자들을 샀다.

302
move
[muːv]

동사 1 옮기다 2 움직이다

Let's **move** the things to the kitchen.
그 물건들을 부엌으로 옮기자.

바닥에 카펫이 있어요.

303
floor
[flɔːr]

명사 1 바닥 2 층

The **floor** is clean.
그 바닥은 깨끗하다.

304
carpet
[káːrpit]

명사 카펫, 양탄자

There is a new **carpet** in the room.
그 방에는 새 카펫이 있다.

아이스크림이 땅에 떨어졌어요.

305
ground
[graund]

명사 땅(바닥)

What is on the **ground**?
땅바닥에 무엇이 있나요?

306
drop
[drap]

동사 떨어지다[떨어뜨리다]

I **dropped** my ice cream.
나는 내 아이스크림을 떨어뜨렸다.

What do you use to cover floors? 바닥을 덮기 위해 사용하는 것은?   답: carpet

DAY 22

Focus ON

영어는 우리말처럼 존대말과 반말이 정해져 있는 것은 아니지만, 공손한 표현은 있어요. 존칭으로 남성을 정중히 부를 때는 sir, 여성을 정중히 부를 때는 ma'am을 써요.

307 ☐☐
sir
[sər]

명사 손님, 아저씨, 선생

Good morning, **sir**.
좋은 아침이에요, 손님.

308 ☐☐
ma'am
[mǽm]

명사 부인, 아주머니

May I help you, **ma'am**?
도와드릴까요, 부인?

Word Skill

● **Complete the phrase. Write the correct words.**

sofa   chair   bench

sit on a ...

1.
2.
3.

Answers 1 bench 2 sofa 3 chair

100

Daily Test

정답 p.139

A Listen and circle.

sofa / bench

hose / park

carpet / ground

sir / ma'am

B Circle and write.

1  s f p l a z y u _____

2  s d r o p g b f _____

3  t w s i r r f m _____

4  p n m o v e j f _____

C Choose and complete.

> fire station   floor   chairs   ma'am

1 May I help you, _____? 도와드릴까요, **부인**?

2 Where is the _____? **소방서**는 어디에 있나요?

3 The _____ is clean. 그 **바닥**은 깨끗하다.

4 We bought new _____. 우리는 새 **의자들**을 샀다.

DAY 23

학습일 1차 월 일 2차 월 일

사촌과 서점을 **방문해요**.

309
cousin
[kʌ́zn]

명사 사촌, 친척

He is my **cousin**.
그는 내 사촌이다.

310
visit
[vízit]

동사 방문하다

We **visit** the bookstore together.
우리는 함께 그 서점을 방문한다.

노래를 들어요.

311
song
[sɔ́ːŋ]

명사 노래

She is listening to a **song**.
그녀는 노래를 듣고 있다.

312
hear
[hiər]

동사 (과거형 heard) 듣다, 들리다

I can't **hear** you.
나는 당신 말이 안 들려요.

이야기에 천사가 나와요.

313
story
[stɔ́ːri]

명사 이야기

I am reading a **story**.
나는 이야기를 읽고 있다.

314
angel
[éindʒəl]

명사 천사

This book is about an **angel**.
이 책은 천사에 대한 것이다.

 **Who has wings?** 날개가 있는 것은?

답: angel

STEP 1 영단어와 예문 듣기
STEP 2 영단어와 예문 듣고 따라 읽기
따라 읽은 후, 단어를 보고 스스로 읽어보세요.
STEP 3 동영상으로 실력 다지기
영상을 보며 단어와 예문을 다시 한번 익히세요.

양의 털을 깎아 옷을 만들어요.

315 ☐☐
sheep
[ʃiːp]

명사 양
The **sheep** is on a farm.
그 양은 농장에 있다.

316 ☐☐
wool
[wul]

명사 (양·염소 등의) 털, 양모
We can make a **wool** scarf.
우리는 털목도리를 만들 수 있다.

텐트에서 캠핑을 해요.

317 ☐☐
tent
[tent]

명사 텐트, 천막
They slept in a **tent**.
그들은 텐트 안에서 잠을 잤다.

318 ☐☐
camping
[kǽmpiŋ]

명사 캠핑, 야영
We go **camping** in the summer.
우리는 여름에 캠핑을 간다.

미술실에 스케치북을 가져와요.

319 ☐☐
art room
[ɑːrt rúːm]

명사 미술실
This is the school **art room**.
여기는 학교 미술실이다.

320 ☐☐
sketchbook
[skétʃbùk]

명사 스케치북
I bring my **sketchbook**.
나는 내 스케치북을 가져온다.

 **What is used to make clothes?** 옷을 만들기 위해 사용되는 것은? 답: wool

Focus ON

everything 은 '모두'를 뜻하는 every와 '것[물건]'을 뜻하는 thing이 합쳐져 '모든 것'을 뜻해요. nothing은 '없는'을 뜻하는 no와 thing이 합쳐져 '아무것도 없는 것'을 뜻해요.

321 ☐☐
everything
[évriθìŋ]

대명사 모든 것
He wants **everything**.
그는 모든 것을 원한다.

322 ☐☐
nothing
[nʌ́θiŋ]

대명사 아무것도 ~ 아니다[없다]
There is **nothing** in my pocket.
내 주머니에는 아무것도 없다.

Word Skill

● **Look and write.**

1  +  =

_____ + room = art room

2  +  =

every + thing = _____

Answers 1 art 2 everything

Daily Test

정답 p.139

A Listen and circle.

1 nothing
a
b

2 art room
a
b

3 cousin
a
b

B Unscramble and write.

1
r a h e
☐☐☐☐

2
l w o o
☐☐☐☐

3
n e t t
☐☐☐☐

C Choose and complete.

| camping   everything   visit   sketchbook |

1 He wants _____. 그는 **모든 것**을 원한다.

2 I bring my _____. 나는 내 **스케치북**을 가져온다.

3 We _____ the bookstore together. 우리는 함께 그 서점을 **방문한다**.

4 We go _____ in the summer. 우리는 여름에 **캠핑**을 간다.

DAY 24

영화표를 받아요.

323
ticket
[tíkit]

명사 표, 입장권
a free movie **ticket**
무료[공짜] 영화표

324
get
[get]

동사 (과거형 got) 받다, 얻다
Where did you **get** the tickets?
너는 그 입장권들을 어디서 받았니?

수줍을 때는 숨어요.

325
shy
[ʃai]

형용사 수줍음이 많은
She is a **shy** girl.
그녀는 수줍음이 많은 소녀이다.

326
hide
[haid]

동사 (과거형 hid) 숨다
Where is she **hiding**?
그녀는 어디에 숨어 있나요?

게임에서 이기면 상을 줘요.

327
game
[geim]

명사 게임, 경기
Let's play the **game**.
그 게임을 하자.

328
prize
[praiz]

명사 상, 경품
They got a **prize**.
그들은 상을 받았다.

What can you buy at movie theaters? 영화관에서 살 수 있는 것?   답: ticket

STEP 1	STEP 2	STEP 3
영단어와 예문 듣기	영단어와 예문 듣고 따라 읽기 따라 읽은 후, 단어를 보고 스스로 읽어보세요.	동영상으로 실력 다지기 영상을 보며 단어와 예문을 다시 한번 익히세요.

크리스마스는 공휴일이에요.

329 □□
Christmas
[krísməs]

명사 크리스마스, 성탄절

give her a **Christmas** gift
그녀에게 크리스마스 선물을 주다

330 □□
holiday
[hάlədèi]

명사 공휴일, 휴일

December 25th is a **holiday** in America. 미국에서 12월 25일은 공휴일이다.

성적에 대해 걱정해요.

331 □□
grade
[greid]

명사 1 성적 2 학년

I got a bad **grade**.
나는 나쁜 성적을 받았다.

332 □□
worry
[wə́:ri]

동사 걱정하다

Don't **worry** about it.
그것에 대해 걱정하지 마.

개미는 벌레예요.

333 □□
ant
[ænt]

명사 개미

Ants live in the ground.
개미들은 땅 속에 산다.

334 □□
bug
[bʌg]

명사 벌레   유의어 insect 곤충

The **bug** is small.
그 벌레는 작다.

💬 **What day is December 25th?** 12월 25일은 무슨 날?   답: Christmas

Focus ON

usually와 often은 빈도부사로, 어떤 행동이나 사건이 얼마나 자주 또는 드물게 발생하는지를 나타내요. 보통, usually는 약 90%, often은 약 70%의 빈도를 나타내요.

335 ☐☐
usually
[júːʒuəli]

부사 보통, 대개
We **usually** stay at home.
우리는 보통 집에 머무른다.

336 ☐☐
often
[ɔ́ːfən]

부사 자주, 종종
I **often** go to the library.
나는 자주 도서관에 간다.

Word Skill

● Complete the phrase. Write the correct words.

> grade   prize   ticket

get a ...

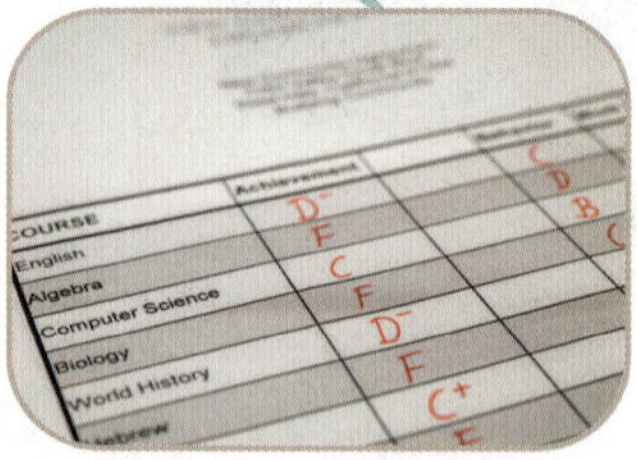

1.   2.   3.

Answers 1 ticket 2 prize 3 grade

Daily Test

정답 p.139

A Look, choose, and write. s e h u

Chri__tmas

__ide

g__t

us__ally

B Listen and circle. Then write.

y	k	z	g	p	z
f	w	o	r	r	y
l	a	f	l	i	g
r	g	t	b	z	l
u	p	e	h	e	k
w	a	n	t	j	r

1

2

3

4

C Choose and complete.

> grade   shy   bug   game

1 The _____ is small. 그 **벌레**는 작다.

2 I got a bad _____. 나는 나쁜 **성적**을 받았다.

3 She is a _____ girl. 그녀는 **수줍음이 많은** 소녀이다.

4 Let's play the _____. 그 **게임**을 하자.

DAY 24 / 109

DAY 25 School Things

학습일 | 1차 월 일 | 2차 월 일

337~350

pencil
연필

eraser
지우개

pencil case
필통

pen
펜

book
책

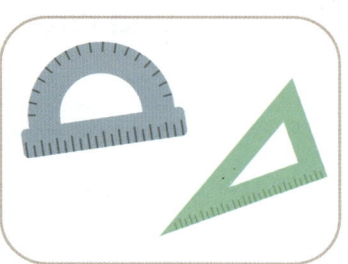
ruler
자

glue
풀

scissors
가위

tape
테이프

Today's Phonics

a-e
장모음 a는 '에이'
라고 길게 발음해요.

 pencil c**a**se

 t**a**pe

STEP 1	STEP 2	STEP 3
영단어와 예문 듣기	영단어와 예문 듣고 따라 읽기 따라 읽은 후, 단어를 보고 스스로 읽어보세요.	동영상으로 실력 다지기 영상을 보며 단어와 예문을 다시 한번 익히세요.

notebook
공책

textbook
교과서

paper clip
종이 집게[클립]

crayon
크레용

backpack
책가방, 배낭

backpack은 등에 짊어지거나, 어깨에 걸 수 있는 큰 가방을 말해요.

 학교에 갈 때 잊지 않고 꼭 챙기는 학용품 세 가지를 적어보세요.

1. _____ 2. _____ 3. _____

Today's Sentences

학용품에 대해 말하기

I have a **pencil**. 나는 연필을 가지고 있다.

She has two **erasers**. 그녀는 지우개 두 개를 가지고 있다.

Daily Test

A Check the correct pictures. ✓

1 tape

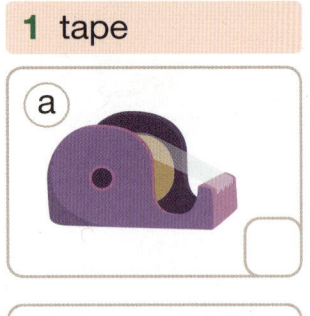

2 eraser

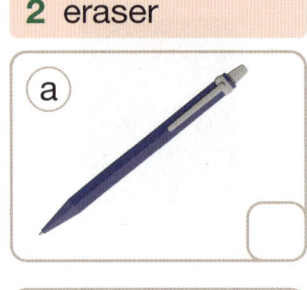

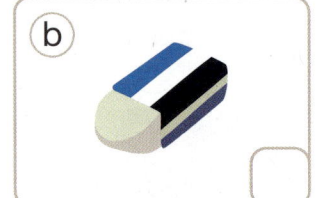

3 glue

➦ These words are about (school things **/** toys).

B Listen and match.

1　　　2　　　3　　　4

pencil case

notebook

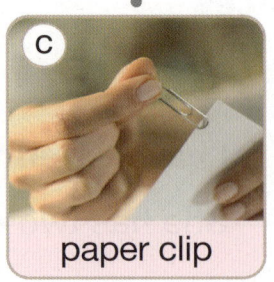
paper clip

book

C Write the sentences correctly.

1 Ihavearuler.
➡ _____ _____ _____ _____ .

2 Hehasthreecrayons.
➡ _____ _____ _____ _____ .

3 Theyhavetwopencils.
➡ _____ _____ _____ _____ .

4 Ihaveabackpack.
➡ _____ _____ _____ _____ .

5 Shehastwotextbooks.
➡ _____ _____ _____ _____ .

6 Hehastwopens.
➡ _____ _____ _____ _____ .

● Now, write how many there are.

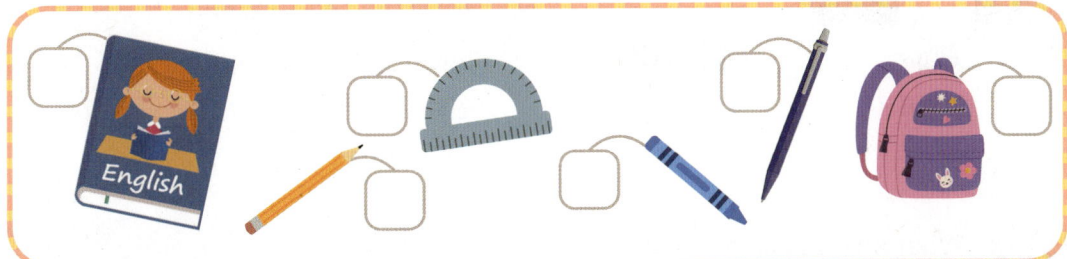

DAY 26

거북은 느려요.

351 □□
turtle
[tə́:rtl]

명사 거북

A **turtle** has a hard shell on its back.
거북은 등에 딱딱한 껍데기를 갖고 있다.

352 □□
slow
[slou]

형용사 느린 반의어 fast 빠른

Some animals are very **slow**.
어떤 동물들은 매우 느리다.

언덕 꼭대기에 올라가요.

353 □□
hill
[hil]

명사 언덕

the side of a **hill**
언덕의 옆면

354 □□
top
[tap]

명사 꼭대기, 맨 위 반의어 bottom 맨 아래

I am walking to the **top**.
나는 꼭대기로 걸어가는 중이다.

영어로 말해요.

355 □□
English
[íŋgliʃ]

명사 영어

She is good at **English**.
그녀는 영어를 잘한다.

356 □□
speak
[spi:k]

동사 (과거형 spoke) 말하다

Can you **speak** slowly?
천천히 말해줄 수 있나요?

💬 **What animal has a shell?** 껍데기를 가지고 있는 동물은?

답: turtle

STEP 1 영단어와 예문 듣기
STEP 2 영단어와 예문 듣고 따라 읽기
따라 읽은 후, 단어를 보고 스스로 읽어보세요.
STEP 3 동영상으로 실력 다지기
영상을 보며 단어와 예문을 다시 한번 익히세요.

체육관에서 체육수업을 해요.

357
gym
[dʒim]

명사 체육관
We exercise at the school **gym**.
우리는 학교 체육관에서 운동한다.

358
P.E.
[pi:i:]

명사 체육 (= physical education)
I have **P.E.** class today.
나는 오늘 체육 수업이 있다.

도서관에서는 조용히 해요.

359
library
[láibrèri]

명사 도서관
We study in the **library**.
우리는 그 도서관에서 공부를 한다.

360
quiet
[kwáiət]

형용사 조용한
반의어 noisy 시끄러운 loud (소리가) 큰, 시끄러운
Please be **quiet**.
조용히 해주세요.

동네에 우체국이 있어요.

361
town
[taun]

명사 동네, (소)도시
I live in a small **town**.
나는 작은 동네에 산다.

362
post office
[póust ɔ́:fis]

명사 우체국
Where is the **post office**?
그 우체국은 어디에 있나요?

 Where do you go to send a letter? 편지를 부치러 가는 곳은?   답: post office

many와 much는 둘 다 '많은'이라는 뜻이지만 쓰임이 달라요. many는 cars, toys 등 명사의 복수형과 함께 쓰고, much는 water, time 등 셀 수 없는 명사와 함께 써요.

363 ☐☐
many
[méni]

형용사 많은 유의어 a lot of 많은

There are **many** cars on the road.
도로에 차가 많이 있다.

364 ☐☐
much
[mʌtʃ]

형용사 많은 유의어 a lot of 많은

She has too **much** homework.
그녀는 숙제가 너무 많다.

Word Skill

● **Look and match.**

1 books   2 P.E.   3 letters

a library   b post office   c gym

Answers 1a 2c 3b

116

Daily Test

정답 p.139

A Listen and circle.

1. library / gym

2. P.E. / town

3. quiet / speak

4. much / many

B Circle and write.

1. k v c **g y m** n p
   _____

2. y f **s t o p** e t
   _____

3. u c w **s l o w** d
   _____

4. j f **m a n y** u b
   _____

C Choose and complete.

| English   post office   quiet   P.E. |

1. I have _____ class today. 나는 오늘 **체육** 수업이 있다.

2. She is good at _____. 그녀는 **영어**를 잘한다.

3. Where is the _____? 그 **우체국**은 어디에 있나요?

4. Please be _____. **조용히** 해주세요.

DAY 27

동전을 찾아요.

365 **coin** [kɔin]
명사 동전
There are a lot of **coins** in the box.
그 상자 속에는 많은 동전들이 있다.

366 **find** [faind]
동사 (과거형 found) 찾다
He **found** gold in the cave.
그는 그 동굴에서 금을 찾았다.

코끼리는 무거워요.

367 **elephant** [éləfənt]
명사 코끼리
The **elephant** has a big body.
그 코끼리는 큰 몸집을 갖고 있다.

368 **heavy** [hévi]
형용사 무거운 반의어 light 가벼운
a **heavy** bag
무거운 가방

구덩이가 깊어요.

369 **hole** [houl]
명사 구덩이, 구멍
There is a big **hole** in the ground.
땅에 큰 구덩이가 있다.

370 **deep** [diːp]
형용사 깊은
The water is **deep**.
그 물은 깊다.

 What can you use to pay? 물건 값을 지불하기 위해 사용할 수 있는 것은?   답: coin

STEP 1 영단어와 예문 듣기
STEP 2 영단어와 예문 듣고 따라 읽기
따라 읽은 후, 단어를 보고 스스로 읽어보세요.
STEP 3 동영상으로 실력 다지기
영상을 보며 단어와 예문을 다시 한번 익히세요.

눈길엔 **천천히** 운전해요.

371 ☐☐
slowly
[slóuli]

부사 천천히, 느리게 반의어 fast 빨리, 빠르게

The cars are moving **slowly**.
그 차들은 천천히 움직이고 있다.

372 ☐☐
drive
[draiv]

동사 (과거형 drove) 운전하다

Don't **drive** fast in the snow.
눈 속에서 빨리 운전하지 마라.

뱀은 길어요.

373 ☐☐
snake
[sneik]

명사 뱀

A **snake** is in the grass.
풀 속에 뱀이 있다.

374 ☐☐
long
[lɔːŋ]

형용사 긴 반의어 short 짧은

The snake is **long**.
그 뱀은 길다.

큰 목소리로 **소리쳐요**.

375 ☐☐
loud
[laud]

형용사 (소리가) 큰, 시끄러운 반의어 quiet 조용한

Your voice is too **loud**.
너의 목소리는 너무 크다.

376 ☐☐
shout
[ʃaut]

동사 소리치다, 외치다

Please don't **shout** at me.
내게 소리치지 마세요.

 What animal is long and has no legs? 길고 다리가 없는 동물은?   답: snake

Focus ON

always와 never는 빈도부사로, 반의어 관계예요. always는 항상, 늘 일어나는 일을 나타낼 때 사용하고, 반대로 never은 단 한번도 일어나지 않는 일을 나타낼 때 사용해요.

377 ☐☐
always
[ɔ́ːlweiz]

부사 항상, 언제나
She is **always** busy.
그녀는 항상 바쁘다.

378 ☐☐
never
[névər]

부사 절대 ~ 않다
We **never** lose.
우리는 절대 지지 않아.

Word Skill

● **Match to their opposites.**

1

heavy

2

quickly

3

loud

a

quiet

b

slowly

c

light

Answers 1c 2b 3a

Daily Test

정답 pp.139~140

A Look, choose, and write.

1 fi__d

2 he__vy

3 ne__er

4 driv__

B Listen and circle. Then write.

j	u	d	k	h	f
a	l	w	a	y	s
g	o	f	p	l	n
l	u	b	n	o	a
h	d	k	s	b	k
p	w	h	o	l	e

1

2

3

4

C Choose and complete.

> slowly   coins   shout   elephant

1 The _____ has a big body. 그 **코끼리**는 큰 몸집을 갖고 있다.

2 The cars are moving _____. 그 차들은 **천천히** 움직이고 있다.

3 There are a lot of _____ in the box. 그 상자 속에는 많은 **동전들**이 있다.

4 Please don't _____ at me. 내게 **소리치지** 마세요.

DAY 28

학습일 | 1차 월 일 | 2차 월 일

자유 시간을 즐겨요.

379 ☐☐
free
[friː]

형용사 **1** 자유로운 **2** 무료의
She reads in her **free** time.
그녀는 자유 시간에 책을 읽는다.

380 ☐☐
enjoy
[indʒɔ́i]

동사 즐기다
I **enjoy** my time outside.
나는 밖에서 나의 시간을 즐긴다.

애완동물 가게에 햄스터가 있어요.

381 ☐☐
pet shop
[pet ʃap]

명사 애완동물 가게 동의어 pet store
Let's visit the **pet shop**.
애완동물 가게를 방문하자.

382 ☐☐
hamster
[hǽmstər]

명사 햄스터
She wants a **hamster**.
그녀는 햄스터를 원한다.

왕자와 공주는 행복하게 살았대요.

383 ☐☐
prince
[prins]

명사 왕자
He is **Prince** George.
그는 조지 왕자이다.

384 ☐☐
princess
[prínses]

명사 공주
The story is about a **princess**.
그 이야기는 한 공주에 대한 것이다.

💬 **Where can you get a pet?** 애완동물을 데려올 수 있는 곳은?   답: pet shop

STEP 1 영단어와 예문 듣기
STEP 2 영단어와 예문 듣고 따라 읽기 따라 읽은 후, 단어를 보고 스스로 읽어보세요.
STEP 3 동영상으로 실력 다지기 영상을 보며 단어와 예문을 다시 한번 익히세요.

나무로 지은 **오두막**이에요.

385 □□
wood
[wud]

명사 나무, 목재
build a house with **wood**
나무로 집을 짓다

386 □□
hut
[hʌt]

명사 오두막
Some people live in a **hut**.
어떤 사람들은 오두막에서 산다.

슈퍼마켓에서 **장바구니**를 써요.

387 □□
supermarket
[súpərmàrkit]

명사 슈퍼마켓, 대형 마트
We are at the **supermarket**.
우리는 그 슈퍼마켓에 있다.

388 □□
basket
[bǽskit]

명사 바구니
I often use a shopping **basket**.
나는 종종 장바구니를 사용한다.

소금은 짠 맛이 나요.

389 □□
salt
[sɔːlt]

명사 소금
The soup needs **salt**.
그 수프에는 소금이 필요하다.

390 □□
taste
[teist]

동사 (~의) 맛이 나다 명사 맛
It **tastes** really good.
그것은 맛이 정말 좋다.

💬 Where can you buy vegetables? 채소를 살 수 있는 곳은? 답: supermarket

DAY 28 / 123

Focus ON

why는 어떤 일이 일어난 이유를 물을 때 사용하는 의문 부사예요. "왜?"라는 질문에 대해 보통 because를 사용하여 "왜냐하면"으로 답해요.

391 ☐☐
why
[wai]

부사 **왜**

Why are you late for class?
너는 왜 수업에 늦은 거야?

392 ☐☐
because
[bikɔ́ːz]

접속사 **~해서, ~ 때문에**

I like dogs **because** they are cute.
나는 개들이 귀엽기 때문에 그들을 좋아한다.

Word Skill

• **Look and write.**

1
 +  =
_____   ball   basketball

2
 +  =
pet   _____   pet shop

Answers 1 basket 2 shop

Daily Test

A Listen and circle.

1 pet shop

a

b

2 princess

a

b

3 basket

a

b

B Unscramble and write.

1

o w d o

2

l t s a

3

h y w

C Choose and complete.

| because | enjoy | supermarket | hut |

1 Some people live in a _____. 어떤 사람들은 **오두막**에서 산다.

2 I like dogs _____ they are cute. 나는 개들이 귀엽기 **때문에** 그들을 좋아한다.

3 I _____ my time outside. 나는 밖에서 나의 시간을 **즐긴다**.

4 We are at the _____. 우리는 그 **슈퍼마켓**에 있다.

DAY 28 / 125

DAY 29

학습일 1차 월 일 2차 월 일

고래는 커요.

393
whale
[weil]

명사 고래

Whales live in the water.
고래들은 물 속에서 산다.

394
large
[lɑːrdʒ]

형용사 큰 반의어 small 작은

It has a **large** mouth.
그것은 큰 입을 가지고 있다.

395
helmet
[hélmit]

명사 헬멧

Always wear a **helmet**.
항상 헬멧을 써라.

헬멧을 쓰면 안전해요.

396
safe
[seif]

형용사 안전한

I don't feel **safe** on the road.
나는 도로에서는 안전하게 느껴지지 않는다.

거미는 거미줄을 만들어요.

397
spider
[spáidər]

명사 거미

A **spider** has eight legs.
거미는 여덟 개의 다리를 갖고 있다.

398
web
[web]

명사 거미줄, -망

There is a spider **web** in the tree.
그 나무에는 거미줄이 있다.

 What has eight legs? 다리가 여덟 개 있는 것은?

답: spider

STEP 1	STEP 2	STEP 3
영단어와 예문 듣기	영단어와 예문 듣고 따라 읽기 따라 읽은 후, 단어를 보고 스스로 읽어보세요.	동영상으로 실력 다지기 영상을 보며 단어와 예문을 다시 한번 익히세요.

이상한 꿈을 꿨어요.

399
strange
[streindʒ]

형용사 이상한
The animal looks **strange**.
그 동물은 이상해 보인다.

400
dream
[driːm]

명사 꿈 동사 꿈꾸다
She had a funny **dream**.
그녀는 웃긴 꿈을 꿨다.

마녀는 빗자루를 타요.

401
witch
[witʃ]

명사 마녀
A **witch** can do magic.
마녀는 마술을 부릴 수 있다.

402
broom
[bruːm]

명사 빗자루
She rides a **broom**.
그녀는 빗자루를 탄다.

달력으로 날짜를 봐요.

403
calendar
[kǽləndər]

명사 달력
I check the **calendar**.
나는 달력을 확인한다.

404
date
[deit]

명사 날짜
What is the **date** today?
오늘 날짜가 어떻게 돼?

What do witches ride? 마녀가 타고 다니는 것은?

답: broom

DAY 29 / 127

how는 상태나 방법을 물을 때 사용하는 의문 부사로 '어떤', '어떻게'라는 뜻을 가져요. 가령, "How are you? (어떻게 지내?)"라는 질문에 대해, 좋다고 할 때 "I'm fine."이라고 답할 수 있어요.

405 □□
how
[hau]

부사 어떻게
How are you?
어떻게 지내?

406 □□
fine
[fain]

형용사 좋은
I'm **fine**.
난 괜찮아.

Word Skill

- **Complete the phrase. Write the correct words.**

  safe   fine   strange

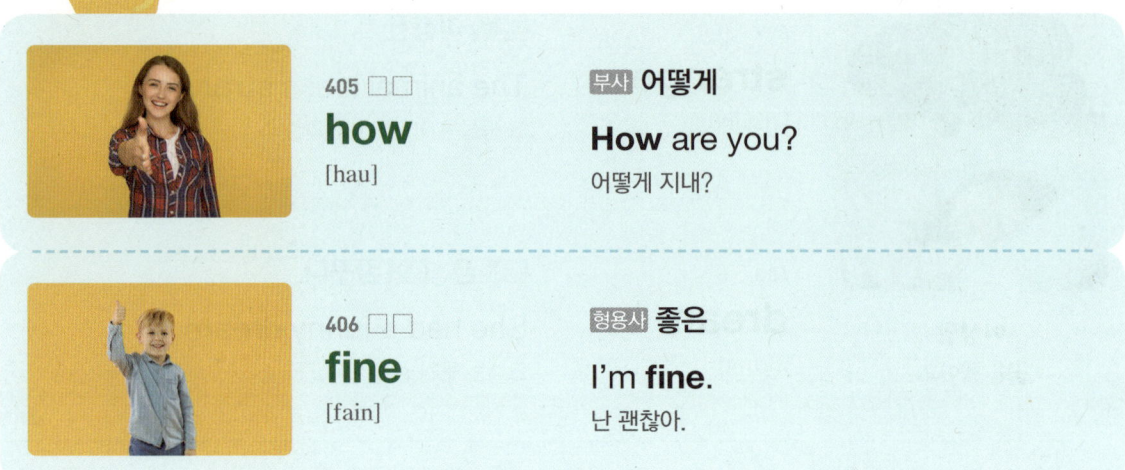

feel ...

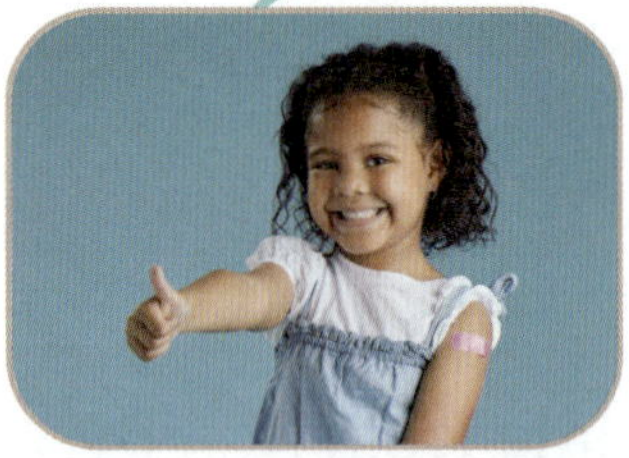

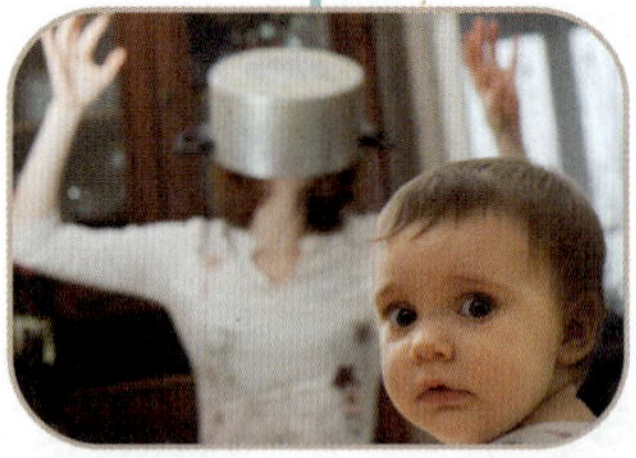

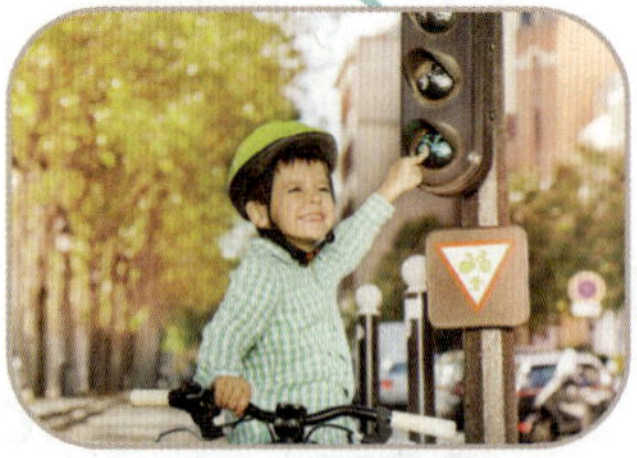

1. ____ 2. ____ 3. ____

Answers 1 fine 2 strange 3 safe

Daily Test

정답 p.140

A Look, choose, and write. f r e w

 cal__ndar

 sa__e

 d__eam

 ho__

B Listen and circle. Then write.

m	w	o	g	u	h
f	i	n	e	c	j
i	t	h	s	g	o
l	c	f	j	w	n
w	h	a	l	e	p
k	q	u	h	b	m

1  _____

2  _____

3  _____

4  _____

C Choose and complete.

> date　　spider　　strange　　helmet

1 The animal looks _____. 그 동물은 **이상해** 보인다.

2 Always wear a _____. 항상 **헬멧**을 써라.

3 What is the _____ today? 오늘 **날짜**가 어떻게 돼?

4 A _____ has eight legs. **거미**는 여덟 개의 다리를 갖고 있다.

DAY 30 Transportation

407~420

bus
버스

car
차

train
기차

airplane
비행기

truck
트럭

taxi
택시

ship
배

boat
보트

subway
지하철

Today's Phonics

tr
tr은 우리말 '츄르'처럼 발음해요.

 train

 truck

STEP 1 영단어와 예문 듣기
STEP 2 영단어와 예문 듣고 따라 읽기
따라 읽은 후, 단어를 보고 스스로 읽어보세요.
STEP 3 동영상으로 실력 다지기
영상을 보며 단어와 예문을 다시 한번 익히세요.

bicycle
자전거

helicopter
헬리콥터

motorcycle
오토바이

school bus
통학 버스

on foot
걸어서

어떤 교통수단을 '타다'라고 할 때, 동사 ride나 take를 사용해요.

 당신은 가까운 섬으로 가족여행을 떠나게 되었습니다. 무엇을 타고 가고 싶나요?

1. _____ 2. _____ 3. _____

Today's Sentences

교통수단에 대해 말하기

She rides a **train**. 그녀는 기차를 탄다.
I go **on foot**. 나는 걸어서 간다.

Daily Test

A Look and unscramble.

1. 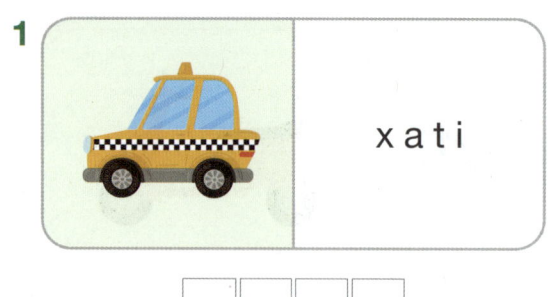 x a t i

2.  h s p i

3.  r a n t i

4.  t u c r k

B Listen and match.

1   2   3   4

 motorcycle
 boat
 airplane
 on foot

C Follow the lines. Write what they ride.

subway   school bus   bicycle   car

1 Sally rides a _____.

2 Jamie rides a _____.

3 Kate rides a _____.

4 Mike rides a _____.

- **Now, look and guess what it is.**

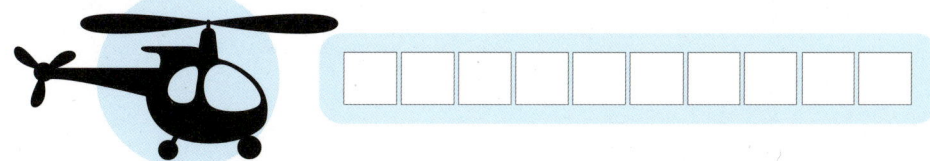

Review DAY 21~30

A Find the words in the box and write.

| story | whale | lazy | witch | both |
| prize | hide | slow | taste | church |

01 (~의) 맛이 나다; 맛   _taste_
02 마녀   _witch_
03 숨다   _hide_
04 이야기   _story_
05 느린   _slow_
06 고래   _whale_

07 둘 다   _both_
08 교회   _church_
09 게으른   _lazy_
10 상, 경품   _prize_

B Look at the letters in pink. Then answer the question below.

How do bees get to school?

___ ___ ___ ___ ___ ___ ___   ___ ___ ___ ___

C Look at the words below. Write each word in the correct box.

> supermarket   turtle   shy   ant
> elephant   kind   park   spider

1 Words That Name Bugs

_____

_____

2 Words That Name Animals

_____

_____

3 Words That Name Places

_____

_____

4 Words That Tell About People

_____

_____

Answer Key

Sight Word p. 9

B

l	l	r	t	f	j	x	u	t	s	n
h	k	p	p	s	n	k	m	t	t	k	l
n	n	i	e	m	o	x	o	u	f	y	q
o	z	y	i	s	y	p	l	b	t	o	o
t	t	x	t	k	j	w	e	e	z	u	u

C 1. not, ⓓ 2. my, ⓑ
   3. yes, ⓐ 4. but, ⓒ

DAY 01

Daily Test p. 13

A 1. i 2. a 3. m 4. l

B

w	h	g	i	f	h
s	r	j	a	d	o
f	o	h	n	l	n
i	a	k	g	j	l
b	d	i	r	t	y
n	k	c	y	d	m

1. angry
2. dirty
3. road
4. only

C 1. fighting 2. countries
   3. dish 4. young

DAY 02

Daily Test p. 17

A 1. b 2. a 3. b
B 1. ride 2. food 3. bee
C 1. hobby 2. vacation
   3. classroom 4. Korean

DAY 03

Daily Test p. 21

A 1. tired 2. feel
   3. ink 4. color
B 1. touch 2. meal
   3. lamp 4. sunny
C 1. rest 2. change
   3. sunglasses 4. delicious

DAY 04

Daily Test p. 25

A 1. u 2. p 3. i 4. e

B

p	d	u	v	p	s
w	b	j	e	k	h
d	e	e	r	w	a
s	a	g	y	s	p
j	n	h	i	k	e
n	f	e	d	l	j

1. shape
2. very
3. deer
4. bean

C 1. jump 2. different
   3. coffee 4. money

DAY 05

Daily Test pp. 28~29

A 1. panda 2. tiger
   3. bear 4. zebra
B 1. b 2. d 3. a 4. c
C 1. ⓐ dolphin 2. ⓐ lion
   3. ⓑ giraffe 4. ⓒ goose

DAY 06

Daily Test p. 33

A 1. u 2. a 3. t 4. r

B

k	s	p	j	s	l
b	r	e	a	k	f
w	h	o	l	i	b
h	j	p	k	n	h
b	c	l	o	s	e
f	w	e	d	h	a

1. break
2. close
3. people
4. skin

C 1. body 2. curtains
   3. tomatoes 4. spoon

DAY 07

Daily Test p. 37

A 1. a 2. a 3. b
B 1. blow 2. kiss 3. wind
C 1. together 2. wrong
   3. strong 4. place

DAY 08

Daily Test p. 41

A 1. brave 2. cheese
   3. every 4. board
B 1. some 2. minute
   3. fire 4. full
C 1. hours 2. butter
   3. girl 4. bottle

DAY 09

Daily Test p. 45

A 1. o 2. u 3. a 4. v
B

l	k	p	j	h	t
s	e	a	s	o	n
w	n	i	b	g	e
h	u	n	t	j	w
d	f	t	o	p	s
m	j	b	v	c	m

1. paint
2. news
3. hunt
4. season

C 1. theater 2. mix
   3. run 4. evening

DAY 10

Daily Test pp. 48~49

A 1. b 2. b 3. a ➡ sports
B 1. d 2. a 3. c 4. b
C 1. basketball 2. violin
   3. soccer 4. guitar
   • baseball

Review DAY 01~10 pp. 50~51

A 01 rest 02 young 03 month

04 right 05 place 06 break
07 news 08 close 09 tired
10 dish

B sunglasses
C 1. cheese, tomato
   2. hour, minute
   3. ride, paint
   4. zoo, theater

DAY 11

Daily Test p. 55

A 1. e 2. o 3. k 4. w
B

k	m	f	l	b	q
s	t	o	r	e	p
j	u	l	g	h	f
m	l	f	a	i	r
g	i	h	j	n	m
f	p	w	n	d	l

1. air
2. tulip
3. behind
4. store

C 1. paintings 2. fresh
   3. pays 4. hospital

DAY 12

Daily Test p. 59

A 1. a 2. a 3. b
B 1. tall 2. son 3. fat
C 1. daughter 2. smart
   3. fence 4. office

DAY 13

Daily Test p. 63

A 1. e 2. n 3. o 4. h
B

k	l	c	o	n	e
j	s	a	f	w	q
n	c	s	i	t	w
f	e	t	o	y	j
i	t	l	f	t	s
w	h	e	r	e	f

1. toy
2. where
3. cone
4. castle

C 1. When   2. share
   3. won   4. ice cream

DAY 14

Daily Test   p. 67

A 1. build   2. travel
   3. glad   4. what
B 1. pick   2. rich
   3. who   4. wake
C 1. toy store   2. sandcastle
   3. woman   4. early

DAY 15

Daily Test   pp. 70~71

A 1. b   2. a   3. a → clothes
B 1. a   2. d   3. b   4. c
C 1. jacket, shirt
   2. coat, shoes
   3. sweater, jeans
   4. dress, hat
   • ⓐ Kate ⓑ Jenny ⓒ Ann ⓓ Lisa

DAY 16

Daily Test   p. 75

A 1. e   2. h   3. i   4. t
B
   1. photo
   2. pair
   3. throw
   4. sing
C 1. camera   2. ball
   3. bright   4. music room

DAY 17

Daily Test   p. 79

A 1. b   2. b   3. a
B 1. team 2. show 3. half

C 1. joined   2. police station
   3. magic   4. giant

DAY 18

Daily Test   p. 83

A 1. pond   2. sorry
   3. hug   4. animal
B 1. push   2. okay
   3. lake   4. tower
C 1. jungle   2. tower
   3. fishing   4. welcomed

DAY 19

Daily Test   p. 87

A 1. o   2. h   3. y   4. c
B
   1. test
   2. rocket
   3. first
   4. kick
C 1. score   2. bookstore
   3. cloudy   4. cage

DAY 20

Daily Test   pp. 90~91

A 1. a   2. b   3. a → jobs
B 1. nurse   2. firefighter
   3. pilot   4. painter
C 1. a   2. b
D 1. dancer   2. driver
   3. vet   4. baker
   5. farmer
   • dream

Review DAY 11~20   pp. 92~93

A 01 share   02 fence   03 lake
   04 half   05 huge   06 hope

07 throw 08 smart 09 king
10 test
B an elephant
C 1. thousand, hundred
2. parrot, goldfish
3. pretty, tall
4. windy, cloudy

DAY 21

Daily Test — p. 97

A 1. y 2. t 3. o 4. e
B

o	h	w	j	t	n
t	j	a	f	b	i
k	s	i	d	e	w
l	i	t	j	l	o
n	f	h	e	l	p
t	w	d	r	p	f

1. help
2. wait
3. side
4. bell

C 1. newspaper 2. church
3. bus stop 4. name

DAY 22

Daily Test — p. 101

A 1. bench 2. hose
3. carpet 4. ma'am
B 1. lazy 2. drop
3. sir 4. move
C 1. ma'am 2. fire station
3. floor 4. chairs

DAY 23

Daily Test — p. 105

A 1. b 2. a 3. b
B 1. hear 2. wool 3. tent
C 1. everything 2. sketchbook
3. visit 4. camping

DAY 24

Daily Test — p. 109

A 1. s 2. h 3. e 4. u
B

y	k	z	g	p	z
f	w	o	r	r	y
l	a	f	l	i	g
r	g	t	b	z	l
u	p	e	h	e	k
w	a	n	t	j	r

1. prize
2. ant
3. worry
4. often

C 1. bug 2. grade
3. shy 4. game

DAY 25

Daily Test — pp. 112~113

A 1. a 2. b 3. b → school things
B 1. d 2. b 3. a 4. c
C 1. I have a ruler.
2. He has three crayons.
3. They have two pencils.
4. I have a backpack.
5. She has two textbooks.
6. He has two pens.

DAY 26

Daily Test — p. 117

A 1. library 2. town
3. speak 4. much
B 1. gym 2. top
3. slow 4. many
C 1. P.E. 2. English
3. post office 4. quiet

DAY 27

Daily Test — p. 121

A 1. n 2. a 3. v 4. e

Answer Key / 139

B

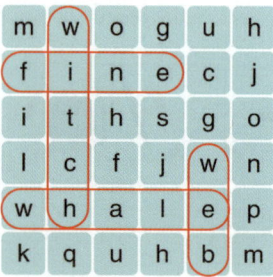

1. snake
2. always
3. loud
4. hole

C 1. elephant 2. slowly
3. coins 4. shout

DAY 28

Daily Test   p. 125

A 1. b 2. a 3. b
B 1. wood 2. salt 3. why
C 1. hut 2. because
3. enjoy 4. supermarket

DAY 29

Daily Test   p. 129

A 1. e 2. f 3. r 4. w
B

1. whale
2. witch
3. fine
4. web

C 1. strange 2. helmet
3. date 4. spider

DAY 30

Daily Test   pp. 132~133

A 1. taxi 2. ship
3. train 4. truck
B 1. a 2. d 3. b 4. c
C 1. subway 2. school bus
3. bicycle 4. car
• helicopter

Review DAY 21~30   pp. 134~135

A 01 taste 02 witch 03 hide
04 story 05 slow 06 whale
07 both 08 church 09 lazy
10 prize
B school buzz
C 1. ant, spider
2. turtle, elephant
3. supermarket, park
4. shy, kind

Index

A
air	053
airplane	130
all	078
alligator	026
also	012
always	120
angel	102
angry	010
animal	081
ant	107
art room	103

B
backpack	111
badminton	046
baker	089
ball	073
baseball	046
basket	123
basketball	046
bean	023
bear	026
because	124
bee	015
behind	054
bell	094
bench	098
between	054
bicycle	131
blow	034
board	039
boat	130
body	031
book	110
bookstore	084
both	096
bottle	039
boy	056
brave	038
break	030
bright	073
broom	127
bug	107
build	064
bus	130
bus stop	095
butter	038
button	080

C
cage	085
calendar	127
camera	072
camping	103
candle	034
car	130
careful	022
carpet	099
castle	060
chair	099
chalk	039
change	018
cheek	035
cheese	038
cheetah	027
child	010
choose	084
Christmas	107
church	094
classroom	014
close	031
cloudy	084
coat	069
coffee	023
coin	118
color	018
cone	061
country	011
cousin	102
crayon	111
curtain	031

D
dancer	089
date	127
daughter	056
deep	118
deer	023
delicious	018
different	022
dirty	010
dish	010
do	016
doctor	088
dolphin	026
dream	127
dress	069
drive	119
driver	089
drop	099
drum	047
duck	080

E
early	065
earth	094
egg	060
elephant	118
elevator	072
empty	011
English	114
enjoy	122
eraser	110

evening	043	glue	110	hut	123
every	040	goldfish	057		
everything	104	golf	046	**I**	
		goose	027	ice cream	061
F		grade	107	ink	019
face	042	ground	099		
farmer	088	guitar	047	**J**	
fat	058	gym	115	jacket	068
feel	020			jeans	068
fence	057	**H**		join	076
fight	010	half	078	juice	030
find	118	hamster	122	jump	023
fine	128	hat	068	jungle	081
finish	072	hear	102		
fire	038	heavy	118	**K**	
fire station	098	helicopter	131	kick	085
firefighter	088	helmet	126	kind	095
first	086	help	095	king	060
fishbowl	057	hen	060	kiss	035
fishing	081	hide	106	knife	022
flag	011	high	023	Korean	014
floor	099	hill	114		
flower shop	052	hobby	014	**L**	
flute	047	hockey	046	lake	081
food	014	hole	118	lamp	018
fox	026	holiday	107	large	126
free	122	homework	072	lazy	098
fresh	053	honey	015	learn	014
full	039	hope	061	leave	057
		hose	098	library	115
G		hospital	053	lid	031
game	106	hour	039	light	018
get	106	how	128	lion	026
giant	077	hug	080	long	119
giraffe	027	huge	081	loud	119
girl	038	hundred	061		
glad	064	hunt	042	**M**	
gloves	069	hurt	077	ma'am	100

magic	076	
man	077	
many	116	
meal	018	
meet	064	
minute	039	
mix	043	
money	022	
monkey	026	
month	035	
moon	094	
motorcycle	131	
move	099	
movie	042	
movie star	088	
much	116	
museum	052	
music room	073	

N

name	095
never	120
news	043
newspaper	094
notebook	111
nothing	104
nurse	088
nurse's office	077

O

office	057
often	108
okay	082
old	077
on foot	131
online	043
only	012

P

paint	043
painter	088
painting	052
pair	074
panda	026
pants	068
paper	019
paper clip	111
park	098
parrot	085
pay	052
P.E.	115
pen	110
pencil	110
pencil case	110
penguin	027
people	032
person	032
pet shop	122
photo	072
piano	047
pick	065
piece	074
pilot	088
place	034
playground	034
police officer	088
police station	076
pond	080
poor	022
popular	034
post office	115
pot	031
pretty	058
prince	122
princess	122
prize	106

push	080

Q

quiet	115

R

read	094
rest	019
rich	064
ride	014
right	036
road	011
rocket	084
round	042
ruler	110
run	042

S

safe	126
salt	123
sandcastle	064
say	095
scarf	069
school bus	131
scissors	110
score	085
seal	026
season	044
seat	011
second	086
see	053
seed	056
shape	022
share	060
sheep	103
ship	130
shirt	068
shoes	068

shorts	068		summer	015		tulip	052
shout	119		sunglasses	019		turtle	114
show	076		sunny	019			
shy	106		supermarket	123		**U**	
sick	053		sweater	068		ugly	077
side	096					usually	108
sing	073		**T**				
singer	088		table tennis	046		**V**	
sir	100		tall	057		vacation	015
sketchbook	103		tape	110		van	076
skin	031		taste	123		very	024
skirt	068		taxi	130		vet	089
slow	114		teacher	089		video	043
slowly	119		team	076		violin	047
smart	056		tennis	046		visit	102
snake	119		tent	103		volleyball	046
soccer	046		test	085			
soccer ball	085		textbook	111		**W**	
socks	069		theater	042		wait	095
sofa	098		thousand	061		wake	065
some	040		throw	073		walk	011
son	056		ticket	106		watermelon	056
song	102		tiger	026		weather	044
soon	053		tired	019		web	126
sorry	082		together	034		welcome	080
space	084		tomato	030		well	024
speak	114		top	114		whale	126
spider	126		touch	020		what	066
spoon	030		tower	081		when	062
stair	072		town	115		where	062
star	073		toy	060		who	066
stick	038		toy store	065		why	124
store	052		train	130		win	061
story	102		trash	015		wind	035
strange	127		trash can	015		window	030
strong	035		travel	065		windy	084
subway	130		truck	130		witch	127
sugar	030		try	016		woman	064

wood	123
wool	103
world	065
worry	107
wrong	036

Y

year	035
young	010

Z

zebra	027
zoo	023

MEMO

MEMO

MEMO

Vocabulary LiVE with video

WORKBOOK

2

Basic

누적 테스트 02일차

01	dirty	16 (움푹한) 큰 접시; 요리	d
02	angry	17 싸우다; 싸움	f
03	young	18 아이, 어린이	c
04	walk	19 도로, 길	r
05	empty	20 자리, 좌석	s
06	flag	21 나라	c
07	only	22 또한	a
08	do	23 노력하다, 시도하다	t
09	vacation	24 여름	s
10	trash can	25 쓰레기	t
11	bee	26 꿀	h
12	ride	27 취미	h
13	Korean	28 음식	f
14	classroom	29 배우다	l
15	child	30 휴가, 방학	v

누적 테스트 03일차

01 learn _____
02 hobby _____
03 summer _____
04 honey _____
05 dish _____
06 child _____
07 country _____
08 road _____
09 meal _____
10 light _____
11 change _____
12 sunglasses _____
13 ink _____
14 rest _____
15 touch _____

16 한국의　K_____
17 타다　r_____
18 하다　d_____
19 벌　b_____
20 화난　a_____
21 어린, 젊은　y_____
22 비어 있는　e_____
23 오직; 유일한　o_____
24 맛있는　d_____
25 스탠드, 등　l_____
26 색, 색깔　c_____
27 화창한, 햇빛이 밝은　s_____
28 종이　p_____
29 피곤한　t_____
30 느끼다　f_____

누적 테스트 04일차

01 seat		16 기, 깃발	f
02 also		17 걷다	w
03 try		18 더러운	d
04 food		19 교실	c
05 trash		20 휴가, 방학	v
06 sunny		21 바꾸다; 잔돈	c
07 lamp		22 쉬다; 휴식	r
08 tired		23 식사	m
09 very		24 잘	w
10 deer		25 동물원	z
11 jump		26 높은; 높이, 높게	h
12 bean		27 커피	c
13 different		28 모양, 형태	s
14 careful		29 칼	k
15 poor		30 돈	m

누적 테스트 05일차

01	young		16	도로, 길	r
02	empty		17	나라	c
03	only		18	(움푹한) 큰 접시; 요리	d
04	hobby		19	배우다	l
05	bee		20	여름	s
06	sunglasses		21	맛있는	d
07	light		22	잉크	i
08	high		23	다른	d
09	fox		24	곰	b
10	dolphin		25	호랑이	t
11	seal		26	악어	a
12	panda		27	펭귄	p
13	cheetah		28	기린	g
14	goose		29	원숭이	m
15	lion		30	얼룩말	z

누적 테스트 06일차

#	영어	답	#	우리말	답
01	honey		16	휴가, 방학	v
02	ride		17	교실	c
03	fight		18	비어 있는	e
04	young		19	아이, 어린이	c
05	flag		20	또한	a
06	feel		21	빛; 밝은; 가벼운	l
07	shape		22	가난한	p
08	penguin		23	돌고래	d
09	sugar		24	사람	p
10	juice		25	(속이 깊은) 냄비, 솥	p
11	break		26	몸	b
12	close		27	커튼	c
13	skin		28	숟가락	s
14	lid		29	토마토	t
15	people		30	창문	w

누적 테스트 07일차

01 dish _____
02 road _____
03 trash can _____
04 do _____
05 change _____
06 money _____
07 goose _____
08 curtain _____
09 popular _____
10 candle _____
11 playground _____
12 year _____
13 cheek _____
14 wind _____
15 right _____

16 나라 c_____
17 오직; 유일한 o_____
18 배우다 l_____
19 여름 s_____
20 선글라스 s_____
21 사슴 d_____
22 악어 a_____
23 깨다 b_____
24 장소, 곳 p_____
25 불다 b_____
26 함께 t_____
27 월, 달 m_____
28 입을 맞추다; 키스; 입맞춤 k_____
29 힘센, 강한 s_____
30 틀린, 잘못된 w_____

누적 테스트 08일차

01 seat _____
02 flag _____
03 try _____
04 meal _____
05 poor _____
06 giraffe _____
07 pot _____
08 place _____
09 hour _____
10 board _____
11 bottle _____
12 some _____
13 butter _____
14 stick _____
15 girl _____

16 싸우다; 싸움   f _____
17 어린, 젊은   y _____
18 음식   f _____
19 종이   p _____
20 동물원   z _____
21 펭귄   p _____
22 주스   j _____
23 놀이터, 운동장   p _____
24 (시간 단위의) 분   m _____
25 분필   c _____
26 가득 찬; 배부른   f _____
27 모든   e _____
28 치즈   c _____
29 불   f _____
30 용감한   b _____

누적 테스트 09일차

01	paint	_____	16	화난	a _____
02	empty	_____	17	더러운	d _____
03	dish	_____	18	도로, 길	r _____
04	hobby	_____	19	하다	d _____
05	vacation	_____	20	배우다	l _____
06	sunny	_____	21	뛰다, 점프하다	j _____
07	close	_____	22	치타	c _____
08	wrong	_____	23	칠판, 보드; 널빤지	b _____
09	season	_____	24	날씨	w _____
10	video	_____	25	온라인의	o _____
11	mix	_____	26	아이, 어린이	c _____
12	news	_____	27	저녁	e _____
13	face	_____	28	둥근, 동그란	r _____
14	hunt	_____	29	달리다	r _____
15	movie	_____	30	극장, 영화관	t _____

누적 테스트 10일차 | 월 일 | score / 30

01 walk _____
02 tired _____
03 lid _____
04 cheek _____
05 full _____
06 minute _____
07 theater _____
08 round _____
09 badminton _____
10 tennis _____
11 basketball _____
12 table tennis _____
13 hockey _____
14 drum _____
15 violin _____

16 한국의 K_____
17 칼 k_____
18 기린 g_____
19 월, 달 m_____
20 나뭇가지; 막대기 s_____
21 일부의[어떤]; 조금의[약간의] s_____
22 섞다 m_____
23 사냥하다; 사냥 h_____
24 축구 s_____
25 야구 b_____
26 골프 g_____
27 배구 v_____
28 플루트 f_____
29 기타 g_____
30 피아노 p_____

누적 테스트 11일차

01 child _____
02 sugar _____
03 lamp _____
04 alligator _____
05 popular _____
06 chalk _____
07 evening _____
08 baseball _____
09 store _____
10 museum _____
11 flower shop _____
12 fresh _____
13 sick _____
14 soon _____
15 between _____

16 타다 r_____
17 교실 c_____
18 다른 d_____
19 깨다 b_____
20 함께 t_____
21 병; 한 병(의 양) b_____
22 계절 s_____
23 바이올린 v_____
24 (비용 등을) 지불하다[내다] p_____
25 (물감으로 그린) 그림 p_____
26 튤립 t_____
27 공기 a_____
28 병원 h_____
29 보다 s_____
30 ~뒤에 b_____

누적 테스트 12일차

| | 월 일 | score / 30 |

01 summer _____
02 high _____
03 goose _____
04 brave _____
05 theater _____
06 volleyball _____
07 hospital _____
08 pay _____
09 leave _____
10 tall _____
11 goldfish _____
12 seed _____
13 smart _____
14 daughter _____
15 pretty _____

16 자리, 좌석   s_____
17 색, 색깔   c_____
18 숟가락   s_____
19 초, 양초   c_____
20 영상, 비디오   v_____
21 하키   h_____
22 미술관, 박물관   m_____
23 ~사이에   b_____
24 사무실   o_____
25 울타리   f_____
26 어항   f_____
27 수박   w_____
28 소년   b_____
29 아들   s_____
30 뚱뚱한   f_____

누적 테스트 13일차   월   일 | score   / 30

01 also _____
02 rest _____
03 bear _____
04 tall _____
05 month _____
06 paint _____
07 soccer _____
08 flower shop _____
09 hundred _____
10 ice cream _____
11 win _____
12 castle _____
13 toy _____
14 hen _____
15 where _____

16 노력하다, 시도하다   t _____
17 조심하는   c _____
18 수박   w _____
19 몸   b _____
20 모든   e _____
21 둥근, 동그란   r _____
22 플루트   f _____
23 ~뒤에   b _____
24 천, 1000   t _____
25 콘, 원뿔   c _____
26 바라다; 희망   h _____
27 왕, 국왕   k _____
28 함께 쓰다; 나누다   s _____
29 달걀[계란], 알   e _____
30 언제   w _____

누적 테스트 14일차 | 월 일 | score / 30

01 country _____
02 color _____
03 window _____
04 full _____
05 drum _____
06 fresh _____
07 hospital _____
08 seed _____
09 rich _____
10 build _____
11 glad _____
12 pick _____
13 travel _____
14 wake _____
15 what _____

16 휴가, 방학 v_____
17 돈 m_____
18 돌고래 d_____
19 틀린, 잘못된 w_____
20 온라인의 o_____
21 (물감으로 그린) 그림 p_____
22 미술관, 박물관 m_____
23 울타리 f_____
24 (성인) 여자 w_____
25 모래성 s_____
26 만나다 m_____
27 세계, 세상 w_____
28 이른; 일찍, 빨리 e_____
29 누구 w_____
30 장난감 가게 t_____

누적 테스트 15일차

월   일   score   / 30

01 fight _____
02 very _____
03 people _____
04 some _____
05 badminton _____
06 sick _____
07 thousand _____
08 sandcastle _____
09 hat _____
10 skirt _____
11 sweater _____
12 jacket _____
13 coat _____
14 dress _____
15 scarf _____

16 배우다 l_____
17 만지다 t_____
18 얼룩말 z_____
19 함께 t_____
20 얼굴 f_____
21 튤립 t_____
22 성 c_____
23 여행하다 t_____
24 반바지 s_____
25 셔츠 s_____
26 바지 p_____
27 청바지 j_____
28 신발 s_____
29 양말 s_____
30 장갑 g_____

누적 테스트 16일차   월   일   score   / 30

01 seed

02 hope

03 share

04 jeans

05 finish

06 stair

07 bright

08 throw

09 sandcastle

10 skirt

11 pants

12 thousand

13 sweater

14 pair

15 piece

16 엘리베이터   e

17 카메라, 사진기   c

18 사진   p

19 (성인) 여자   w

20 누구   w

21 무엇, 무슨   w

22 공   b

23 별   s

24 노래하다   s

25 딸   d

26 반바지   s

27 모자   h

28 셔츠   s

29 숙제   h

30 음악실   m

누적 테스트 17일차

| 월 | 일 | score | / 30 |

01 old _____
02 hurt _____
03 ugly _____
04 win _____
05 glad _____
06 early _____
07 pick _____
08 join _____
09 stair _____
10 giant _____
11 castle _____
12 socks _____
13 half _____
14 homework _____
15 finish _____

16 승합차, 밴   v_____
17 (성인) 남자   m_____
18 코트   c_____
19 신발   s_____
20 재킷   j_____
21 마술, 마법   m_____
22 공연, 쇼; 보여주다   s_____
23 (스포츠 경기 등에서) 팀   t_____
24 엘리베이터   e_____
25 카메라, 사진기   c_____
26 사진   p_____
27 모두; 모든   a_____
28 별   s_____
29 양호실   n_____
30 경찰서   p_____

누적 테스트 18일차

#	영어	한국어	#	한국어	영어
01	travel		16	공연, 쇼; 보여주다	s
02	hug		17	미안한	s
03	welcome		18	괜찮은	o
04	huge		19	원피스	d
05	lake		20	(성인) 남자	m
06	fishing		21	동물	a
07	police station		22	탑, 타워	t
08	van		23	공	b
09	push		24	오리	d
10	bright		25	연못	p
11	throw		26	(스포츠 경기 등에서) 팀	t
12	gloves		27	마술, 마법	m
13	scarf		28	버튼; 단추	b
14	join		29	세계, 세상	w
15	music room		30	밀림, 정글	j

누적 테스트 19일차

01 pond	_____	16 서점, 책방	b_____
02 space	_____	17 시험; 시험하다	t_____
03 windy	_____	18 흐린, 구름이 낀	c_____
04 cage	_____	19 노래하다	s_____
05 push	_____	20 두 번째의; 두 번째로	s_____
06 choose	_____	21 나이 많은, 늙은; 오래된	o_____
07 hug	_____	22 밀림, 정글	j_____
08 shorts	_____	23 로켓	r_____
09 first	_____	24 모자	h_____
10 hurt	_____	25 점수	s_____
11 nurse's office	_____	26 한 쌍[켤레]	p_____
12 giant	_____	27 한 부분, 조각	p_____
13 duck	_____	28 맞이하다, 환영하다	w_____
14 kick	_____	29 버튼; 단추	b_____
15 parrot	_____	30 축구공	s_____

누적 테스트 20일차

월   일   score   / 30

01 huge _____
02 lake _____
03 bookstore _____
04 police officer _____
05 half _____
06 animal _____
07 tower _____
08 space _____
09 movie star _____
10 farmer _____
11 nurse _____
12 ugly _____
13 all _____
14 pilot _____
15 homework _____

16 끝내다 f_____
17 가수 s_____
18 선택하다, 고르다 c_____
19 로켓 r_____
20 선생님 t_____
21 소방관 f_____
22 의사 d_____
23 흐린, 구름이 낀 c_____
24 바람이 많이 부는 w_____
25 시험; 시험하다 t_____
26 제빵사 b_____
27 무용수 d_____
28 수의사 v_____
29 화가 p_____
30 운전기사 d_____

누적 테스트 21일차

#	영어		#	한국어	
01	score		16	달	m
02	kick		17	괜찮은	o
03	police officer		18	말하다	s
04	farmer		19	조종사	p
05	read		20	화가	p
06	church		21	이름	n
07	nurse		22	기다리다	w
08	earth		23	신문	n
09	doctor		24	종, 벨	b
10	show		25	돕다; 도움	h
11	fishing		26	마술, 마법	m
12	sorry		27	친절한, 다정한; 종류	k
13	parrot		28	버스 정류장	b
14	both		29	축구공	s
15	side		30	영화배우	m

누적 테스트 22일차

01	read		16 소파	s
02	church		17 게으른	l
03	floor		18 벤치, 긴 의자	b
04	ground		19 의자	c
05	earth		20 오리	d
06	kind		21 공원	p
07	second		22 카펫, 양탄자	c
08	first		23 연못	p
09	cage		24 손님, 아저씨, 선생	s
10	ma'am		25 종, 벨	b
11	newspaper		26 호스	h
12	moon		27 운전기사	d
13	fire station		28 제빵사	b
14	move		29 소방관	f
15	drop		30 가수	s

누적 테스트 23일차

01 vet _____
02 teacher _____
03 wool _____
04 visit _____
05 hear _____
06 lazy _____
07 park _____
08 cousin _____
09 sheep _____
10 choose _____
11 bus stop _____
12 fire station _____
13 hose _____
14 nothing _____
15 help _____
16 캠핑, 야영 c_____
17 모든 것 e_____
18 무용수 d_____
19 천사 a_____
20 스케치북 s_____
21 텐트, 천막 t_____
22 노래 s_____
23 이야기 s_____
24 벤치, 긴 의자 b_____
25 의자 c_____
26 서점, 책방 b_____
27 이름 n_____
28 말하다 s_____
29 소파 s_____
30 미술실 a_____

누적 테스트 24일차

01 hear		16 옮기다; 움직이다	m
02 wait		17 양	s
03 both		18 표, 입장권	t
04 side		19 이야기	s
05 get		20 천사	a
06 shy		21 크리스마스, 성탄절	C
07 hide		22 개미	a
08 worry		23 벌레	b
09 usually		24 공휴일, 휴일	h
10 often		25 카펫, 양탄자	c
11 farmer		26 땅(바닥)	g
12 floor		27 사촌, 친척	c
13 visit		28 노래	s
14 prize		29 게임, 경기	g
15 grade		30 영화배우	m

누적 테스트 25일차 　　　월　　　일　　score　／30

01 art room

02 read

03 drop

04 sir

05 prize

06 pencil

07 eraser

08 get

09 shy

10 hide

11 ruler

12 glue

13 scissors

14 paper clip

15 newspaper

16 교과서　t

17 펜　p

18 책　b

19 크레용　c

20 책가방, 배낭　b

21 크리스마스, 성탄절　C

22 표, 입장권　t

23 부인, 아주머니　m

24 (양·염소 등의) 털, 양모　w

25 텐트, 천막　t

26 캠핑, 야영　c

27 게임, 경기　g

28 테이프　t

29 공책　n

30 필통　p

누적 테스트 26일차

월   일   score   / 30

01 holiday _____
02 grade _____
03 worry _____
04 ant _____
05 book _____
06 ruler _____
07 English _____
08 post office _____
09 sofa _____
10 lazy _____
11 sketchbook _____
12 everything _____
13 town _____
14 many _____
15 much _____

16 아무것도 ~아니다[없다]   n_____
17 말하다   s_____
18 체육관   g_____
19 체육   P_____
20 도서관   l_____
21 조용한   q_____
22 풀   g_____
23 거북   t_____
24 느린   s_____
25 언덕   h_____
26 꼭대기, 맨 위   t_____
27 연필   p_____
28 지우개   e_____
29 펜   p_____
30 필통   p_____

누적 테스트 27일차

01 deep	_____	16 벌레	b_____
02 slowly	_____	17 보통, 대개	u_____
03 speak	_____	18 자주, 종종	o_____
04 gym	_____	19 가위	s_____
05 always	_____	20 긴	l_____
06 never	_____	21 (소리가) 큰, 시끄러운	l_____
07 heavy	_____	22 소리치다, 외치다	s_____
08 notebook	_____	23 코끼리	e_____
09 textbook	_____	24 테이프	t_____
10 turtle	_____	25 언덕	h_____
11 find	_____	26 꼭대기, 맨 위	t_____
12 drive	_____	27 영어	E_____
13 snake	_____	28 동전	c_____
14 cousin	_____	29 느린	s_____
15 visit	_____	30 구덩이, 구멍	h_____

누적 테스트 28일차

월   일   score   / 30

01	get		16	표, 입장권	t
02	P.E.		17	슈퍼마켓, 대형 마트	s
03	library		18	크레용	c
04	quiet		19	책가방, 배낭	b
05	town		20	동전	c
06	find		21	코끼리	e
07	heavy		22	자유로운; 무료의	f
08	hole		23	즐기다	e
09	deep		24	바구니	b
10	slowly		25	햄스터	h
11	hut		26	왕자	p
12	salt		27	공주	p
13	taste		28	나무, 목재	w
14	why		29	종이 집게[클립]	p
15	because		30	애완동물 가게	p

누적 테스트 29일차

월   일   score   / 30

01 eraser _____
02 post office _____
03 many _____
04 much _____
05 drive _____
06 snake _____
07 long _____
08 loud _____
09 whale _____
10 safe _____
11 web _____
12 strange _____
13 dream _____
14 witch _____
15 broom _____

16 달력   c _____
17 날짜   d _____
18 어떻게   h _____
19 좋은   f _____
20 자유로운; 무료의   f _____
21 즐기다   e _____
22 연필   p _____
23 햄스터   h _____
24 왕자   p _____
25 나무, 목재   w _____
26 큰   l _____
27 헬멧   h _____
28 거미   s _____
29 공주   p _____
30 애완동물 가게   p _____

누적 테스트 30일차   월   일 | score   / 30

01 shout _____
02 whale _____
03 airplane _____
04 truck _____
05 always _____
06 never _____
07 hut _____
08 safe _____
09 web _____
10 on foot _____
11 strange _____
12 turtle _____
13 slow _____
14 salt _____
15 school bus _____

16 버스 b_____
17 차 c_____
18 기차 t_____
19 배 s_____
20 보트 b_____
21 지하철 s_____
22 큰 l_____
23 헬멧 h_____
24 슈퍼마켓, 대형 마트 s_____
25 바구니 b_____
26 거미 s_____
27 자전거 b_____
28 헬리콥터 h_____
29 택시 t_____
30 오토바이 m_____

Answer Key

DAY 02
01 더러운 02 화난 03 어린, 젊은 04 걷다 05 비어 있는 06 기, 깃발 07 오직; 유일한 08 하다 09 휴가, 방학 10 쓰레기통 11 벌 12 타다 13 한국의 14 교실 15 아이, 어린이 16 dish 17 fight 18 child 19 road 20 seat 21 country 22 also 23 try 24 summer 25 trash 26 honey 27 hobby 28 food 29 learn 30 vacation

DAY 03
01 배우다 02 취미 03 여름 04 꿀 05 (움푹한) 큰 접시; 요리 06 아이, 어린이 07 나라 08 도로, 길 09 식사 10 빛; 밝은; 가벼운 11 바꾸다; 잔돈 12 선글라스 13 잉크 14 쉬다; 휴식 15 만지다 16 Korean 17 ride 18 do 19 bee 20 angry 21 young 22 empty 23 only 24 delicious 25 lamp 26 color 27 sunny 28 paper 29 tired 30 feel

DAY 04
01 자리, 좌석 02 또한 03 노력하다, 시도하다 04 음식 05 쓰레기 06 화창한, 햇빛이 밝은 07 스탠드, 등 08 피곤한 09 매우 10 사슴 11 뛰다, 점프하다 12 콩 13 다른 14 조심하는 15 가난한 16 flag 17 walk 18 dirty 19 classroom 20 vacation 21 change 22 rest 23 meal 24 well 25 zoo 26 high 27 coffee 28 shape 29 knife 30 money

DAY 05
01 어린, 젊은 02 비어 있는 03 오직; 유일한 04 취미 05 벌 06 선글라스 07 빛; 밝은; 가벼운 08 높은; 높이, 높게 09 여우 10 돌고래 11 물개 12 판다 13 치타 14 거위 15 사자 16 road 17 country 18 dish 19 learn 20 summer 21 delicious 22 ink 23 different 24 bear 25 tiger 26 alligator 27 penguin 28 giraffe 29 monkey 30 zebra

DAY 06
01 꿀 02 타다 03 싸우다; 싸움 04 어린, 젊은 05 기, 깃발 06 느끼다 07 모양, 형태 08 펭귄 09 설탕 10 주스 11 깨다 12 닫다; 가깝다 13 피부 14 뚜껑 15 사람들 16 vacation 17 classroom 18 empty 19 child 20 also 21 light 22 poor 23 dolphin 24 person 25 pot 26 body 27 curtain 28 spoon 29 tomato 30 window

DAY 07

01 (움푹한) 큰 접시; 요리 02 도로, 길 03 쓰레기통 04 하다 05 바꾸다; 잔돈 06 돈 07 거위 08 커튼 09 인기 있는 10 초, 양초 11 놀이터, 운동장 12 년, 해 13 볼, 뺨 14 바람 15 맞는, 올바른 16 country 17 only 18 learn 19 summer 20 sunglasses 21 deer 22 alligator 23 break 24 place 25 blow 26 together 27 month 28 kiss 29 strong 30 wrong

DAY 08

01 자리, 좌석 02 기, 깃발 03 노력하다, 시도하다 04 식사 05 가난한 06 기린 07 (속이 깊은) 냄비, 솥 08 장소, 곳 09 시간, 1시간 10 칠판, 보드; 널빤지 11 병; 한 병(의 양) 12 일부의[어떤]; 조금의[약간의] 13 버터 14 나뭇가지; 막대기 15 소녀 16 fight 17 young 18 food 19 paper 20 zoo 21 penguin 22 juice 23 playground 24 minute 25 chalk 26 full 27 every 28 cheese 29 fire 30 brave

DAY 09

01 그림 물감; 페인트; 물감으로 그리다; 페인트를 칠하다 02 비어 있는 03 (움푹한) 큰 접시; 요리 04 취미 05 휴가, 방학 06 화창한, 햇빛이 밝은 07 닫는; 가까운 08 틀린, 잘못된 09 계절 10 영상, 비디오 11 섞다 12 뉴스, 소식 13 얼굴 14 사냥하다; 사냥 15 영화 16 angry 17 dirty 18 road 19 do 20 learn 21 jump 22 cheetah 23 board 24 weather 25 online 26 child 27 evening 28 round 29 run 30 theater

DAY 10

01 걷다 02 피곤한 03 뚜껑 04 볼, 뺨 05 가득 찬; 배부른 06 (시간 단위의) 분 07 극장, 영화관 08 둥근, 동그란 09 배드민턴 10 테니스 11 농구 12 탁구 13 하키 14 드럼 15 바이올린 16 Korean 17 knife 18 giraffe 19 month 20 stick 21 some 22 mix 23 hunt 24 soccer 25 baseball 26 golf 27 volleyball 28 flute 29 guitar 30 piano

DAY 11

01 아이, 어린이 02 설탕 03 스탠드, 등 04 악어 05 인기 있는 06 분필 07 저녁 08 야구 09 가게, 상점 10 미술관, 박물관 11 꽃집 12 상쾌한; (음식 등이) 신선한 13 아픈 14 곧, 이내, 머지않아 15 ~사이에 16 ride 17 classroom 18 different 19 break 20 together 21 bottle 22 season 23 violin 24 pay 25 painting 26 tulip 27 air 28 hospital 29 see 30 behind

DAY 12

01 여름 02 높은; 높이, 높게 03 거위 04 용감한 05 극장, 영화관 06 배구 07 병원 08 (비용 등을) 지불하다[내다] 09 떠나다[출발하다] 10 키가 큰, 높은 11 금붕어 12 씨, 씨앗 13 똑똑한 14 딸 15 예쁜 16 seat 17 color 18 spoon 19 candle 20 video 21 hockey 22 museum 23 between 24 office 25 fence 26 fishbowl 27 watermelon 28 boy 29 son 30 fat

DAY 13

01 또한 02 쉬다; 휴식 03 곰 04 키가 큰, 높은 05 월, 달 06 그림 물감; 페인트; 물감으로 그리다; 페인트를 칠하다 07 축구 08 꽃집 09 백, 100 10 아이스크림 11 이기다 12 성 13 장난감 14 암탉 15 어디에(서), 어디로 16 try 17 careful 18 watermelon 19 body 20 every 21 round 22 flute 23 behind 24 thousand 25 cone 26 hope 27 king 28 share 29 egg 30 when

DAY 14

01 나라 02 색, 색깔 03 창문 04 가득 찬; 배부른 05 드럼 06 상쾌한; (음식 등이) 신선한 07 병원 08 씨, 씨앗 09 돈 많은 10 (건물을) 짓다, 만들다 11 기쁜[반가운] 12 고르다 13 여행하다 14 (잠에서) 깨다[일어나다] 15 무엇, 무슨 16 vacation 17 money 18 dolphin 19 wrong 20 online 21 painting 22 museum 23 fence 24 woman 25 sandcastle 26 meet 27 world 28 early 29 who 30 toy, store

DAY 15

01 싸우다; 싸움 02 매우 03 사람들 04 일부의[어떤]; 조금의[약간의] 05 배드민턴 06 아픈 07 천, 1000 08 모래성 09 모자 10 치마 11 스웨터 12 재킷 13 코트 14 원피스 15 목도리 16 learn 17 touch 18 zebra 19 together 20 face 21 tulip 22 castle 23 travel 24 shorts 25 shirt 26 pants 27 jeans 28 shoes 29 socks 30 gloves

DAY 16

01 씨, 씨앗 02 바라다, 희망 03 함께 쓰다, 나누다 04 청바지 05 끝내다 06 계단 07 밝은 08 던지다 09 모래성 10 치마 11 바지 12 천, 1000 13 스웨터 14 한 쌍[켤레] 15 한 부분, 조각 16 elevator 17 camera 18 photo 19 woman 20 who 21 what 22 ball 23 star 24 sing 25 daughter 26 shorts 27 hat 28 shirt 29 homework 30 music, room

DAY 17
01 나이 많은, 늙은; 오래된 02 다치게[아프게] 하다; 다친 03 못생긴, 보기 싫은 04 이기다 05 기쁜[반가운] 06 이른; 일찍, 빨리 07 고르다 08 합류하다, 함께 하다 09 계단 10 거인; 거대한 11 성 12 양말 13 반, 절반 14 숙제 15 끝내다 16 van 17 man 18 coat 19 shoes 20 jacket 21 magic 22 show 23 team 24 elevator 25 camera 26 photo 27 all 28 star 29 nurse's, office 30 police, station

DAY 18
01 여행하다 02 포옹하다, 껴안다; 포옹 03 맞이하다, 환영하다 04 거대한, 엄청난 05 호수 06 낚시 07 경찰서 08 승합차, 밴 09 누르다, 밀다 10 밝은 11 던지다 12 장갑 13 목도리 14 합류하다, 함께 하다 15 음악실 16 show 17 sorry 18 okay 19 dress 20 man 21 animal 22 tower 23 ball 24 duck 25 pond 26 team 27 magic 28 button 29 world 30 jungle

DAY 19
01 연못 02 우주 03 바람이 많이 부는 04 새장, 우리 05 누르다, 밀다 06 선택하다, 고르다 07 포옹하다, 껴안다; 포옹 08 반바지 09 첫 번째의; 맨 먼저, 첫째로 10 다치게[아프게] 하다; 다친 11 양호실 12 거인; 거대한 13 오리 14 차다 15 앵무새 16 bookstore 17 test 18 cloudy 19 sing 20 second 21 old 22 jungle 23 rocket 24 hat 25 score 26 pair 27 piece 28 welcome 29 button 30 soccer, ball

DAY 20
01 거대한, 엄청난 02 호수 03 서점, 책방 04 경찰 05 반, 절반 06 동물 07 탑, 타워 08 우주 09 영화배우 10 농부 11 간호사 12 못생긴, 보기 싫은 13 모두; 모든 14 조종사 15 숙제 16 finish 17 singer 18 choose 19 rocket 20 teacher 21 firefighter 22 doctor 23 cloudy 24 windy 25 test 26 baker 27 dancer 28 vet 29 painter 30 driver

DAY 21
01 점수 02 차다 03 경찰 04 농부 05 읽다 06 교회 07 간호사 08 지구 09 의사 10 공연, 쇼; 보여주다 11 낚시 12 미안한 13 앵무새 14 둘 다 15 (상하·앞뒤·좌우의 한) 쪽[측], 옆면 16 moon 17 okay 18 say 19 pilot 20 painter 21 name 22 wait 23 newspaper 24 bell 25 help 26 magic 27 kind 28 bus, stop 29 soccer, ball 30 movie, star

DAY 22
01 읽다 02 교회 03 바닥; 층 04 땅(바닥) 05 지구 06 친절한, 다정한; 종류 07 두 번째의; 두 번째로 08 첫 번째의; 맨 먼저, 첫째로 09 새장, 우리 10 부인, 아주머니 11 신문 12 달 13 소방서 14 옮기다; 움직이다 15 떨어지다[떨어뜨리다] 16 sofa 17 lazy 18 bench 19 chair 20 duck 21 park 22 carpet 23 pond 24 sir 25 bell 26 hose 27 driver 28 baker 29 firefighter 30 singer

DAY 23
01 수의사 02 선생님 03 (양·염소 등의) 털, 양모 04 방문하다 05 듣다, 들리다 06 게으른 07 공원 08 사촌, 친척 09 양 10 선택하다, 고르다 11 버스 정류장 12 소방서 13 호스 14 아무것도 ~아니다[없다] 15 돕다; 도움 16 camping 17 everything 18 dancer 19 angel 20 sketchbook 21 tent 22 song 23 story 24 bench 25 chair 26 bookstore 27 name 28 say 29 sofa 30 art, room

DAY 24
01 듣다, 들리다 02 기다리다 03 둘 다 04 (상하·앞뒤·좌우의 한) 쪽[측], 옆면 05 받다, 얻다 06 수줍음이 많은 07 숨다 08 걱정하다 09 보통, 대개 10 자주, 종종 11 농부 12 바닥; 층 13 방문하다 14 상, 경품 15 성적; 학년 16 move 17 sheep 18 ticket 19 story 20 angel 21 Christmas 22 ant 23 bug 24 holiday 25 carpet 26 ground 27 cousin 28 song 29 game 30 movie, star

DAY 25
01 미술실 02 읽다 03 떨어지다[떨어뜨리다] 04 손님, 아저씨, 선생 05 상, 경품 06 연필 07 지우개 08 받다, 얻다 09 수줍음이 많은 10 숨다 11 자 12 풀 13 가위 14 종이 집게[클립] 15 신문 16 textbook 17 pen 18 book 19 crayon 20 backpack 21 Christmas 22 ticket 23 ma'am 24 wool 25 tent 26 camping 27 game 28 tape 29 notebook 30 pencil, case

DAY 26
01 공휴일, 휴일 02 성적; 학년 03 걱정하다 04 개미 05 책 06 자 07 영어 08 우체국 09 소파 10 게으른 11 스케치북 12 모든 것 13 동네, (소)도시 14 많은 15 많은 16 nothing 17 speak 18 gym 19 P.E. 20 library 21 quiet 22 glue 23 turtle 24 slow 25 hill 26 top 27 pencil 28 eraser 29 pen 30 pencil, case

DAY 27

01 깊은 02 천천히, 느리게 03 말하다 04 체육관 05 항상, 언제나 06 절대 ~않다 07 무거운 08 공책 09 교과서 10 거북 11 찾다 12 운전하다 13 뱀 14 사촌, 친척 15 방문하다 16 bug 17 usually 18 often 19 scissors 20 long 21 loud 22 shout 23 elephant 24 tape 25 hill 26 top 27 English 28 coin 29 slow 30 hole

DAY 28

01 받다, 얻다 02 체육 03 도서관 04 조용한 05 동네, (소)도시 06 찾다 07 무거운 08 구덩이, 구멍 09 깊은 10 천천히, 느리게 11 오두막 12 소금 13 (~의) 맛이 나다; 맛 14 왜 15 ~해서, ~때문에 16 ticket 17 supermarket 18 crayon 19 backpack 20 coin 21 elephant 22 free 23 enjoy 24 basket 25 hamster 26 prince 27 princess 28 wood 29 paper, clip 30 pet, shop

DAY 29

01 지우개 02 우체국 03 많은 04 많은 05 운전하다 06 뱀 07 긴 08 (소리가) 큰, 시끄러운 09 고래 10 안전한 11 거미줄, -망 12 이상한 13 꿈; 꿈꾸다 14 마녀 15 빗자루 16 calendar 17 date 18 how 19 fine 20 free 21 enjoy 22 pencil 23 hamster 24 prince 25 wood 26 large 27 helmet 28 spider 29 princess 30 pet, shop

DAY 30

01 소리치다, 외치다 02 고래 03 비행기 04 트럭 05 항상, 언제나 06 절대 ~않다 07 오두막 08 안전한 09 거미줄, -망 10 걸어서 11 이상한 12 거북 13 느린 14 소금 15 통학 버스 16 bus 17 car 18 train 19 ship 20 boat 21 subway 22 large 23 helmet 24 supermarket 25 basket 26 spider 27 bicycle 28 helicopter 29 taxi 30 motorcycle

Vocabulary LIVE는

초·중등 영어 학습자들을 위한 7단계 어휘 교재로, 총 4,500여 개의 기본 어휘가 수록되어 있습니다.

Basic

초1~초4
30일 420개 표제어 /
총 840개 표제어

Intermediate

초4~예비중
30일 592개 표제어 /
총 1,184개 표제어

Advanced

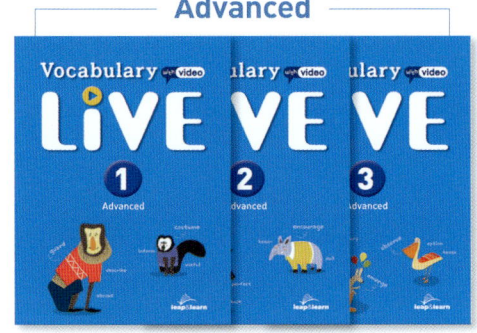

중1~중2 / 중2~중3 / 중3~예비고
30일 708개 표제어 (1~2권) /
40일 908개 표제어 (3권) / 총 2,324개 표제어

Vocabulary LIVE의 특장점

1

어휘 암기의 효과를 높이는 학습 동영상 제공

2

무료 온라인 어휘 암기용 프로그램 제공

❸ 선생님들을 위한 편리한 온라인 어휘 테스트 메이커 제공(홈페이지)
❹ 이미지 연상법을 통한 쉽고 빠른 단어 암기
❺ 일일 테스트와 누적 테스트를 통한 체계적인 반복 학습

Downloadable Resources www.leapnlearn.co.kr

WORKBOOK